어린이를 위한 하룻밤에 읽는 한국사

일러두기

※ 맞춤법과 띄어쓰기는 국립국어원에서 펴낸 〈표준국어대사전〉을 기준으로 삼았습니다.
※ 이 책에 수록된 사진 중 저작권자의 허가를 받지 못한 일부 자료는, 계속해서 저작권자의 허락을 구하고 필요한 경우 통상의 기준에 따라 사용료를 지불할 계획입니다.

어린이를 위한 하룻밤에 읽는 한국사 1

개정판 1쇄 발행 | 2014년 1월 15일
개정판 2쇄 발행 | 2016년 1월 20일
특별판 1쇄 발행 | 2016년 8월 11일
특별판 5쇄 발행 | 2023년 12월 20일
지 은 이 | 최용범, 이우형
그 린 이 | 박기종

펴 낸 이 | 최용범
펴 낸 곳 | 페이퍼로드
출판등록 | 제10-2427호(2002년 8월 7일)

서울시 동작구 보라매로5가길 7 1322호

편 집 | 김현미, 김정주, 양현경
마 케 팅 | 정현우
관 리 | 강은선
디 자 인 | 박성진

이 메 일 | book@paperroad.net
커뮤니티 | blog.naver.com/paperoad
페이스북 | www.facebook.com/paperroadbook
Tel | (02)326-0328 Fax | (02)335-0334

ISBN 979-11-86256-18-3 64910
979-11-86256-17-6(세트)

· 책값은 뒤표지에 있습니다.
· 잘못 만들어진 책은 구입하신 곳에서 바꾸어 드립니다.

어린이를 위한

하룻밤에 읽는 한국사

글 최용범 · 이우형
그림 박기종

페이퍼로드
paperroad

글쓴이 말

게임보다 재미있는 역사랑 탐정 놀이 하자!

서양의 어느 유명한 역사가는 이렇게 말했습니다.

"역사란 과거와 현재의 끊임없는 대화다."

무슨 말일까요? 과거와 대화한다니 알 것 같기도 하고 모를 것 같기도 합니다. 우리가 일기를 쓰는 이유를 찬찬히 생각해 볼까요? 일기를 쓰려면 우선 오늘 하루를 돌이켜 보게 되지요. 잘한 일, 잘못한 일이 떠오를 겁니다. 그러고는 잘못한 일은 다시 하지 말자고 다짐하게 되지요.

우리 역사도 마찬가지입니다. 5000년 한국의 역사를 보면 우리가 자랑스럽게 여길 사건, 다시 반복해서는 안 될 일들이 드라마처럼 펼쳐집니다. 광개토 대왕이 만주 벌판을 누볐던 고구려의 역사를 볼 때면 우리의 가슴은 두 방망이질합니다. 그러나 100년 전, 변화하는 세계에 적응하지 못해 제국주의 국가들의 먹잇감이 되다 끝내는 일본의 식민지가 돼버린 우리나라의 역사는 부끄럽기 짝이 없습니다. 이런 역사는 되풀이되어서는 안 됩니다. 과거를 차분하게 돌이켜 보며 우리가 가야 할 길과 가지 말아야 할 길을 찾는 것이 바로 우리가 역사를 배우는 이유입니다. 결국 역사는 케케묵은 옛이야기가 아니라 빛나는 오늘과 내일을 찾기 위한 지혜의 보물 창고인 셈이지요.

그렇다고 역사가 고리타분하게 교훈만 늘어놓는다면 정말 따분하겠죠? 하지만 걱정할 것 없습니다. 역사 속에는 재미와 감동이 더 많으니까요. 단군 신화나 고구려 · 백제 · 신라의 탄생 신화는 읽을수록 신기합니다. 원래 곰이었다가 여자로 변해 단군을 낳은 이야기나, 고구려를 세운 주몽과 신라의 시조 박혁거세가 모두 알에서 태어났다는 설화는 믿기지 않는 얘기지만 책장에서 손을 떼기 힘든 재미있는 이야기지요. 물론 사람이 알에서 태어날 리는 없습니다. 그렇다면 이런 건국 설화가 말하고자 하는 것은 무엇일까요? 그 답은 바로 『어린이를 위한 하룻밤에 읽는 한국사』 1권 안에 있습니다.

역사를 공부하는 데도 상상력이 필요합니다. 기록되지 못한 역사적 사실, 혹은 기록된 사실을 해석하는 일에도 상상력은 중요한 역할을 합니다. 누가, 어떻게 해석하느냐에 따라 역사는 전혀 다른 것으로 변하기도 하지요. 그래서 역사는 남겨진 증거로 누군가의 자취를 찾아내는 탐정처럼 모험이 넘치고 게임보다 재밌을 때가 있습니다.

이 책은 그런 역사의 매력을 흠뻑 느낄 수 있도록 짜여 있습니다. 한 시대를 대표할 만한 사건들을 추적하여 그것이 담고 있는 의미를 전체 역사 속에서 살펴볼 수 있도록 했지요. 또 가능하면 역사적 인물이 주인공이 되어 사건을 펼쳐 가도록 함으로써 더욱 흥미진진하게 역사를 접할 수 있도록 했습니다.

아무쪼록 이 한 권의 책을 통해 여러분이 역사와 특별한 친구가 되었으면 합니다. 만약 마지막 책장을 넘긴 뒤에 '역사를 더욱 깊이 공부해 보고 싶다'는 생각을 갖게 된다면 두 아저씨는 더 바랄 게 없습니다.

최용범, 이우형 두 아저씨가

차례

1 우리 역사의 시작

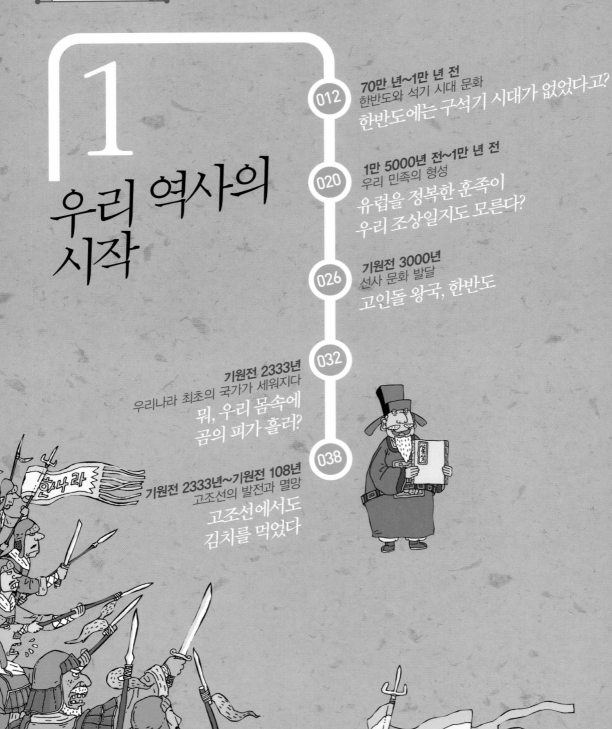

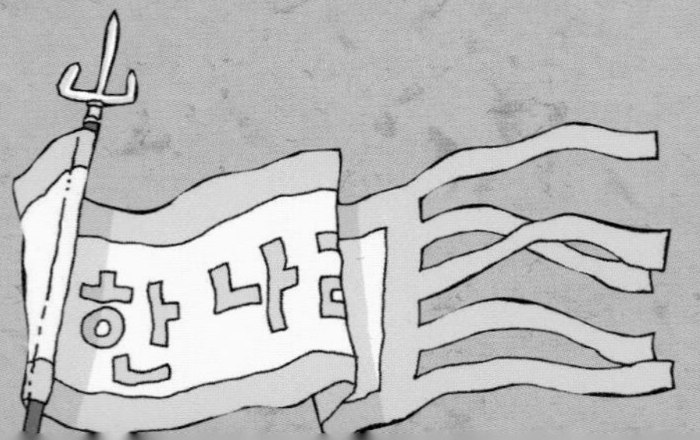

2 고구려·백제·신라, 삼국 시대를 열다

3

삼국 통일을 거쳐 남북국 시대로!

한반도에는
구석기 시대가
없었다고?

어린이를 위한 하룻밤에 읽는 한국사

1 우리 역사의 시작

70만 년~ 1만 년 전 한반도와 석기 시대 문화

한반도에는 구석기 시대가 없었다고?

1만 5000년 전~1만 년 전 우리 민족의 형성

유럽을 정복한 훈족이 우리 조상일지도 모른다?

기원전 3000년 선사 문화 발달

고인돌 왕국, 한반도

기원전 2333년 우리나라 최초의 국가가 세워지다

뭐, 우리 몸속에 곰의 피가 흘러?

기원전 2333년~기원전 108년 고조선의 발전과 멸망

고조선에서도 김치를 먹었다

- 250만 년 전: 구석기 시대 시작
- 40만 년 전: 불 사용법 발견
- 4만 년 전: 인류의 직접 조상 호모 사피엔스 사피엔스 시대 열림

70만 년 전~1만 년 전 | 한반도와 석기 시대 문화

한반도에는 구석기 시대가 없었다고?

인간이 돌을 이용해 생활 도구와 무기를 만들어 활용한 시대를 석기 시대라고 합니다. 석기 시대는 인간이 탄생한 후부터 기원전 3000년까지 이어져 왔지요. 그렇다면 지금 우리가 살고 있는 한반도에는 언제부터 사람이 살기 시작한 걸까요?

두만강 근처에서 발견된 이상한 돌

지금으로부터 약 80년 전인 1935년, 한반도의 북쪽 끝 두만강 근처 동관진에서 놀라운 물건들이 발견되었습니다. 멸종한 동물들의 뼈와 이상한 모양을 한 돌들이 발견된 것이지요. 화산이 폭발한 뒤 만들어진 검은색 바윗돌 흑요석, 천연 유리라고도 불리는 이 돌로 만든 원시적인 생활 도구가 모습을 드러낸 것입니다.

이것은 오랜 옛날 이곳에 살았던 인류가 남겨 놓은 발자취임에 틀림없었습니다. 조사에 참여한 일본인 학자들도 이 놀라운 발견에 짜릿한 흥분감을 느꼈습니다. 하지만 그 뒤에 벌어진 일들은 황당하기 그지없었지요. 그 무렵 우리나라를 식민 지배했던 일본은 이 발견을 쉬쉬하며 덮어버린 것입니다. 그들은 말했습니다.

"동관진에서 발견된 유물**앞선 세대의 인류가 후손에게 남긴 물건**은 아무 의미도 없는 것이다. 한반도에 구석기 시대 따위는 없었다."

이렇게 하여 오래전 이 땅에서 살았던 사람들의 흔적은 조용히 세월 속에 묻히고 말았습니다. 이 유물의 중요성을 아는 데는 광복 이후로도 20여 년이란 세월이 더 걸렸지요.

이 유물들의 정체는 무엇일까요? 왜 일본 사람들은 이 유물을 세상에 알리고 싶어하지 않았던 걸까요? 이 궁금증을 풀기 위해서는 먼저 '구석기', '신석기'와 같은 말의 뜻을 알아야 합니다.

구석기, 신석기가 뭐야?

지구에 처음으로 인간이 나타난 것은 지금으로부터 약 500만 년 전입니다. 100년도 채 살지 못하는 인간의 수명을 생각해 보면, 상상하기도 힘들만큼 오래전 일이지요.

이 무렵 살았던 인류의 조상을 오스트랄로피테쿠스**남쪽 원숭이란 뜻**라 부릅니다. 이들은 아직 원숭이와 비슷한 모습을 하고 있었지요. 하지만 두 발로 걷고 자유롭게 손을 사용하며, 간단한 도구를 만들어 쓰기도 했습니다.

그 뒤 인간은 호모 에렉투스(170만 년 전), 호모 사피엔스(30만 년 전)로 조금씩 진화해 나갔고, 약 4만 년 전쯤 우리들과 똑같은 모습을 한 호모 사피엔스 사피엔스**현생 인류**로 진화했습니다.

이와 같은 사실은 화석으로 발견된 사람의 뼈를 연구하며 알려진 것입니다. 학자들은 사람의 뼈 외에도 여러 가지 방법을 이용해 인간의 역사를 밝히려 노력해 왔습니다. 그 대표적인 방법 중 하나가 바로 생활 도구나 무기를 만들 때 사용한 '재료'에 따라 역사를 구분하는 방법입니다.

석기 시대란 인간이 돌을 이용해 생활 도구, 무기를 만들던 시대를 가리킵니다. 그 무렵 돌은 인간이 발견할 수 있는 가장 단단하면서도 오래 사용할 수 있는 재료였지요. 석기 시대는 인간이 탄생한 이후부터 기원전

3000년 무렵까지 수백만 년 동안 이어졌습니다. 하지만 가만히 살펴보면 석기 시대도 뚜렷한 차이를 보이는 두 시대로 나뉜다는 것을 알 수 있습니다.

인간이 가장 먼저 사용한 석기는 '뗀석기'입니다. 단단한 돌을 서로 세게 부딪쳐 떨어져 나온 돌조각들을 이용하는 것이지요. 사람들은 이런 돌조각으로 주먹도끼*나 긁개처럼 사냥에 필요한 무기와 생활 도구를 만들었습니다. 뗀석기를 사용한 이 시대를 우리는 '구석기 시대'라 부르지요.

구석기 시대 사람들은 작은 무리를 이루어 동굴에서 살았습니다. 먹을 것을 찾아 이리저리 이동해 사냥을 하거나 열매를 따 먹으며 살았지요. 이 시대는 250만 년 전부터 1만 년 전까지의 아주 오랜 시간으로, 인류 역사의 대부분을 차지하고 있습니다.

● **주먹도끼**

구석기 시대 대표적인 뗀석기로 사냥하거나 짐승의 가죽을 벗기고, 땅을 파는 등 여러 용도로 사용했다.

● **빗살무늬 토기(즐문 토기)**
신석기 시대 대표적인 토기로, 식량을 저장하는 데 사용했다.

사람들이 더 지혜로워지면서 뗀석기 대신 '간석기'를 사용하게 되었습니다. 간석기는 돌을 갈아서 만든 도구를 말합니다. 이 간석기를 사용한 시대를 가리켜 '신석기 시대'라고 하지요. 말 그대로 '새로운 석기를 사용하는 시대'로 접어들었다는 뜻입니다.

신석기 시대 사람들은 놀라운 발전을 거듭했습니다. 딱딱한 돌을 갈아 돌바늘, 돌화살촉, 돌칼 같은 작고 날카로운 도구까지 만들었으니 정말 놀라운 솜씨지요?

● **가락바퀴**
섬유를 꼬아 실을 만드는 기구다. 가락바퀴 가운데에 뚫린 구멍에 긴 막대를 끼워 축을 만든 후, 그 축에 섬유를 이어 회전시켜 실을 만들었다. 신석기 시대에는 흙으로 만든 것이 많으며, 청동기 시대의 돌로 만든 가락바퀴가 우리나라 전역에서 출토되고 있다.

신석기 시대 사람들은 규모가 큰 부족 단위로 생활했습니다. 또 먹을 것을 찾아 떠돌아다니는 대신 한 곳에 머물며 농사를 지었지요. 신석기 시대는 지금으로부터 약 1만 년 전부터 기원전 3000년까지 계속되었습니다.

청동기 시대에 들어와서도 사람들은 돌로 만든 도구를 계속 사용하였습니다. 청동기가 귀했기 때문에 대부분의 사람들은 여전히 돌로 만든 도구를 사용했던 거지요.

한반도는 석기 시대 사람들의 생활 터전

다시 동관진에서 발견된 유물 이야기로 돌아가 볼까요? 이 유물의 정체는 흑요석을 깨뜨려 날카롭게 만든 도구, 즉 뗀석기였습니다. 이는 당연히 구석기 시대의 흔적일 수밖에 없습니다. 다시 말해 우리 한반도가 석기 시

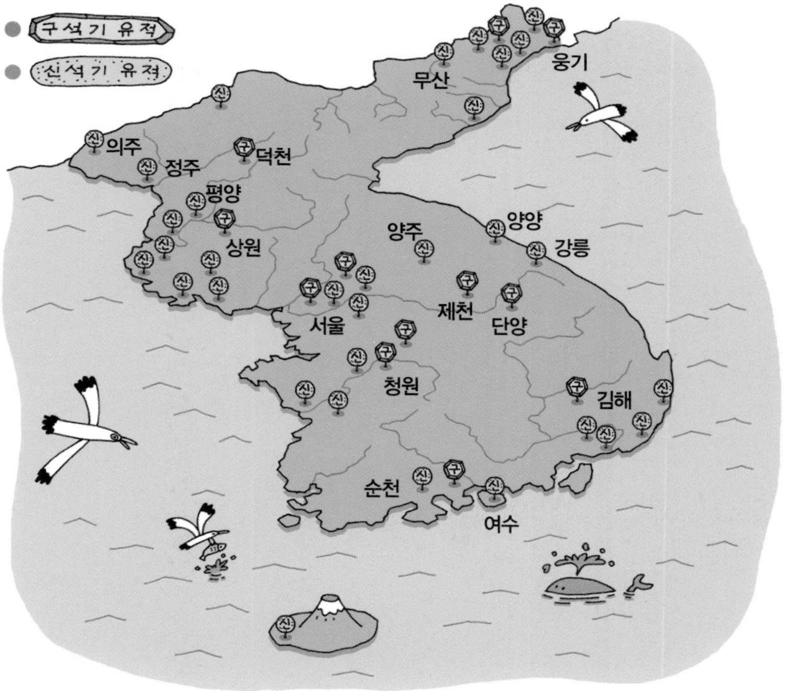

▲ 구석기 시대와 신석기 시대 유적지를 통해 석기 시대부터 한반도에 사람이 살았던 것을 알 수 있다.

대 사람들의 생활 터전이었다는 것을 알려 주는 증거인 셈이지요.

그럼 일본은 왜 이 유물을 한사코 비밀로 묻어 두고 싶어 했을까요? 모두가 잘 알고 있듯이 유물을 발견한 무렵은, 일본이 우리나라를 식민 지배했던 일제 강점기 때였습니다. 하지만 일본은 한국의 역사와 문화에 열등감을 가지고 있었습니다. 역사적으로 일본은 늘 우리나라의 발달된 문화 덕분에 살아가던 후진국이었으니까요. 그래서 일본은 자신보다 앞선 우리나라의 모든 것을 깍아 내리고 고치는 짓을 서슴지 않았습니다. 지배당하는 나라가 지배하는 나라보다 뛰어난 것은 있을 수 없는 일이라고 생각했던 것이지요. 동관진의 유물 역시 같은 맥락입니다. 이 유물은 한반도 역사를 구석기 시대까지 거슬러 올라가게 한 확실한 증거물이었으니까요. 반면 그때까지 일본에서는 구석기 시대의 흔적이 전혀 발견되지 않았지요.

하지만 세상에 비밀은 없는 법입니다. 광복 이후인 1963년 북한의 웅기군 굴포리에서, 1964년 충청남도 공주시 석장리에서 구석기 시대의 유물이 쏟아져 나온 것입니다. '한반도에는 구석기 시대가 없었다'는 일본 학자들의 거짓말이 들통 난 순간이었습니다.

한반도의 구석기 시대 연구가 활발해지자 동관진 유물이 가진 가치도 새롭게 빛나기 시작했습니다. 하지만 안타깝게도 동관진 유물의 중요성을 밝히는 데는 어려움이 많았습니다. 너무나 오랜 세월 버려져 있었던 탓에 다시 연구를 시작하는 일이 몹시 힘들었기 때문입니다. 식민지 시대의 비극이 역사 연구에까지 영향을 미치게 된 슬픈 순간이었지요.

하룻밤 마무리

세계에서 가장 먼저 벼농사를 시작한 곳이 한반도?

1998년, 구석기 유적을 발굴하던 충북 대학교 이융조 교수는 한 가지 중요한 발견을 해냈습니다. 충청북도 소로리 지방을 조사하던 중 아주 오래된 볍씨**못자리에 뿌리는 벼의 씨** 수십 톨을 찾아낸 것이지요. 과학적인 방법에 따라 이 볍씨를 조사한 결과 이것은 무려 1만 5000년 전에 있었던 것으로 밝혀졌습니다. 이전까지는 약 1만 2000년 전 중국에서 처음으로 벼를 재배했다고 알려져 왔습니다. 그런데 이 발견에 따르면 우리나라가 세계에서 가장 먼저 벼농사를 지은 곳이 됩니다. 야생벼가 자라지 않는 한반도에서 볍씨가 발견된 건 누군가 농사를 지은 흔적일 가능성이 높으니까요. 이 볍씨를 발견함으로써 세계의 벼농사 역사는 더욱 앞당겨질 수 있게 되었습니다.

5살짜리 구석기 아이의 뼈

구석기 시대 유적지에서 간혹 사람의 뼈가 함께 발견되는 경우가 있습니다. 과학이 발달한 요즘은 뼈 몇 조각만으로도 얼굴 전체를 복원해 낼 수 있지요. 우리나라에서 발견된 석기 시대 유적지에서도 사람 뼈가 함께 나온 경우가 있습니다.

북한에서는 평양시 역포 구역의 한 동굴**역포 사람**에서 구석기 시대 사람의 뼈가 발견됐습니다. 또 덕천 승리산**승리산 사람**과 대현동 만달리 동굴**만달 사람**에서도 사람 뼈가 나왔지요. 남한에서도 단양 상시 유적지**상시 슬기 사람**, 청원 두루봉 동굴**흥수 아이**에서 석기 시대 사람의 뼈가 발견됐습니다.

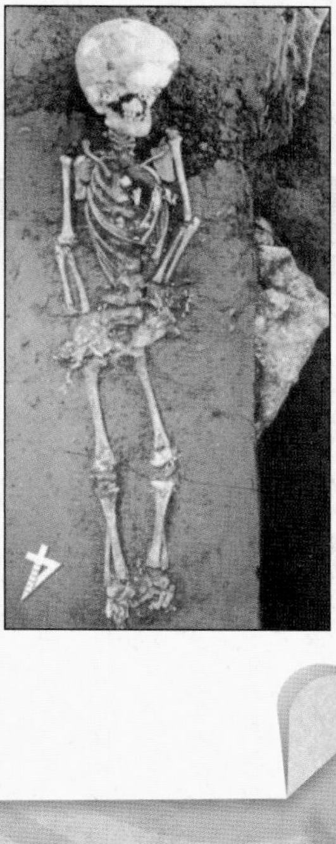

특히 두루봉 동굴에서 발견된 뼈는 거의 완벽에 가까운 상태라 세상을 놀라게 했습니다. 발견한 사람의 이름을 따 '흥수 아이'라 부른 이 유골은 5살짜리 아이의 것이라 합니다. 흥수 아이가 더욱 유명해진 건 장례식을 통해 묻힌 흔적이 보이기 때문입니다. 뼈 주변에 고운 흙가루가 뿌려져 있고, 또 국화꽃의 흔적이 발견됐지요. 이를 통해 우리는 석기 시대 사람들도 우리 못지않게 가족을 아끼고 사랑했다는 사실을 알게 되었습니다. 아울러 이 무렵부터 인류는 시체를 땅에 묻고 죽은 영혼을 달래는 등의 의식을 거행했음을 알 수 있었습니다.

그때 세계는

- 기원전 10000만 년 전: 마지막 빙하기 끝나고 신석기 시대 시작
- 기원전 9000년 전: 지금의 이라크 북쪽 지방에서 최초로 농경·목축 시작
- 기원전 8000년 전: 한반도에서 신석기 시대 시작

1만 5000년 전~1만 년 전 | 우리 민족의 형성

유럽을 정복한 훈족이 우리 조상일지도 모른다?

아주 오랜 옛날 한반도에 살았던 우리 민족은 어떤 모습일까요?
전 유럽을 벌벌 떨게 하고 천하의 진 시황제마저
무서워했다는 훈족이 우리 조상일 수도 있을까요?
정말 우리의 몸속에 훈족의 피가 흐르고 있는지 알아보아요.

세상에서 사라진 훈족의 비밀

우는 아이마저 이름만 들으면 울음을 뚝 그친다는 호랑이. 오래 전 유럽 사람들에게도 그런 호랑이가 있었습니다. 바람결에 이름만 스쳐도 어른, 아이 가릴 것이 부들부들 떨었다는 '훈족'이 바로 그들입니다.

훈족은 몽골 계통의 기마 민족입니다. 말을 타고 다니며 세상을 정복한 용맹한 부족이었지요. 중국에서는 오래 전부터 이들을 흉노라 불러 왔습니다. 세상에서 제일 긴 성으로 알려진 만리장성도 이들 때문에 쌓은 것입니다. 중국을 통일한 진나라 시황제가 흉노족의 침략을 막기 위해 1만 리에 걸친 기나긴 성을 쌓으라고 명령했던 것이지요.

서기 370년 경, 흉노는 유럽으로 쳐들어갔습니다. 유럽 사람들은 이들을 흉노 대신 훈족이라 불렀습니다. 우리가 잘 아는 로마 제국이 멸망한 것도 바로 이들 때문입니다. 훈족은 유럽의 드넓은 땅을 차지하며 대제국을 건설해 나갔습니다.

하지만 그들이 세운 나라는 불과 100여 년 만에 멸망하고 말았습니다. 그 뒤로 훈족은 세상에서 감쪽같이 사라져 버렸고, 유럽 사람들은 오랫동안 훈족을 비밀에 싸인 사람들로 여겨 왔습니다. 어느 날 문득 동쪽에서 찾아왔다가, 또 어느 날 홀연히 사라진 사람들. 그들의 고향이 어디인지는 유럽 사람들에게 오랫동안 수수께끼로 남아 있었습니다.

독일의 방송국, 훈족의 비밀을 밝혀내다

1994년, 독일의 체트데에프ZDF 방송국이 역사 다큐멘터리 한 편을 방송했습니다. 그런데 이 다큐멘터리에는 아주 놀라운 내용이 담겨 있었습니다. 수수께끼로 남아 있던 훈족의 고향을 다룬 것이지요. 방송국 사람들은

6년이 넘는 추적 끝에 훈족이 어디에서 온 사람들인지 알아냈다고 했습니다. 어디일까요?

그곳은 놀랍게도 한반도 남쪽에 자리 잡고 있던 신라였습니다. 믿을 수 없다고요? 물론 독일 방송국의 주장은 아직까지 사실로 인정을 받지 못했습니다. 하지만 그들이 발견한 증거를 보면 허무맹랑한 소리만은 아니라는 것을 알 수 있습니다. 그 증거란 다음과 같은 것들입니다.

첫 번째는 경주에서 출토된 기마 인물형 토기입니다. 기마 인물형 토기란 말을 타고 있는 병사의 모습을 흙으로 빚은 것입니다. 이 기마 인물형 토기는 말을 탄 사람의 뒤에 '동복'이라는 솥 하나가 얹혀 있는 것이 특징입니다. 말을 타고 이동하면서 음식을 해 먹던 그릇이지요. 이런 형태의 토기는 지금까지 훈족이 이동하던 길에서만 발견되었는데, 동쪽 끄트머리에 있는 신라 땅에서도 똑같은 것이 발견된 것이지요.

● 기마 인물형 토기

경주에서 출토된 기마 인물형 토기로, '도제 기마 인물상'이라고도 한다. 동복이 있는 형태의 토기는 훈족이 이동하는 길에서만 발견되었다.

또 다른 증거는 19세기 폴란드의 슐레지엔 지방에서 발견된 냄비입니다. 이 냄비의 가장자리에는 섬세하게 그려진 식물의 잎과 버섯 모양의 조각이 새겨져 있습니다. 훈족의 귀족 부인이 쓰던 머리띠에도 비슷한 모양이 새겨져 있지요. 그런데 신라의 귀족 부인들도 이것과 똑같은 모양을 한 머리 장식을 가지고 있었습니다. 이는 곧 훈족과 신라 사람들이 같은 문화를 가진 하나의 민족일 가능성이 매우 높다는 것을 의미하지요.

물론 이 주장을 입증하기 위해서는 더 많은 증거를 발견해야 합니다. 하지만 신기하지 않나요? 아시아와 유럽을 호령하던 훈족의 피가 우리 몸속에도 흐르고 있을 가능성이 높다니! 역사의 탐정이 되어 그 비밀을 밝혀보고 싶지 않나요?

자, 그럼 더 머나먼 과거로 가 봅시다. 훈족을 포함한 우리 민족의 조상은 어디서 왔을까요? 또, 우리 한반도에는 언제부터 살았을까요?

● **충북 제천 점말 동굴**
구석기 시대 사람들이 살았던 동굴 주거지다.

한반도에 오신 걸 환영합니다!

앞에서 구석기 시대부터 한반도에 사람이 살았다는 것을 확인했지요? 하지만 이들이 우리 민족의 조상인지는 아직까지 확실하게 밝혀진 게 없습니다. 학자들 중에는 이들이 한반도에서 오랫동안 살며 우리 민족의 일부분이 됐다고 주장합니다. 하지만 또 다른 이들은 기후나 땅의 변화가 심했던 그 무렵의 환경을 살펴볼 때 그렇지 않을 거라 이야기하지요. 먹을 것을 찾아 이리저리 떠돌아다닌 구석기 시대 사람들의 생활을 고려할 때, 과연 이들이 한반도에 계속 살았을지 확신할 수 없다는 것입니다.

그래서 학자들은 대략 1만 년 전에서 1만 5,000년 전에 우리 민족의 기틀이 마련된 것으로 생각하고 있습니다. 이때쯤 우리 조상들은 중국의 **요서랴오서** 지방과 만주, 한반도를 중심으로 동북아시아에 폭넓게 자리를 잡고 살았다는 것이지요.

훈족도 이때 우리 조상을 이룬 사람들 중의 하나였을 것입니다. 이들이 한반도 남쪽으로 내려와 우리 민족의 한 갈래를 이루고, 또 유럽에도 건너가 대제국을 건설했을지 모른다는 것이지요. 이 모든 역사의 수수께끼, 참 놀랍고도 신비롭지 않은가요?

하룻밤 마무리

역사를 밝히는 과학 수사대가 돼 볼까?

드라마 중에 CSI 과학 수사대라고 있지요? 이 드라마는 첨단 과학을 이용해 베일에 싸인 범죄자들을 찾아내는 이야기입니다. 이들 CSI 요원이 많이 쓰는 방법 가운데 하나가 범죄 현장에 남겨진 DNA **유전자**를 찾아 범죄자를 잡아내는 것입니다. DNA는 사람마다 다르다는 특징이 있기 때문이지요.

이 DNA 조사 방법은 민족의 뿌리를 찾는 데도 쓰입니다. 단국 대학교 김욱 교수가 DNA로 우리 민족이 어디서 왔는지 조사한 일이 있지요. 김욱 교수의 연구에 따르면, 우리나라 사람들의 55%~60%가량은 만주나 그보다 위쪽에 사는 북쪽 지방 사람들의 유전자와 비슷하다고 합니다. 하지만 40% 정도는 중국 남부나 동남아시아에 사는 사람들과 흡사하다고 하지요. 김욱 교수는 북쪽 지방과 남쪽 지방에서 건너온 사람들이 섞인 채 오랜 세월을 지나며 우리 민족이 이루어졌다고 말했습니다.

우리 민족을 왜 '동이족'이라 부를까?

'백의민족', '배달겨레' 처럼 우리 민족을 가리키는 말 중에는 '동이(東夷)' 라는 것이 있습니다. 동이는 오래 전 중국 사람들이 북만주 지방과 한반도, 일본에 살던 사람들을 가리켜 쓴 말이었습니다.

동이라는 한자를 뜻 그대로 풀이하면 '동쪽에 있는 오랑캐'가 됩니다. 자기들이 세상의 중심이라고 믿었던 중국 사람들의 생각이 잘 드러나는 말이지요. 이 동이족에는 예 · 맥 · 한족(韓族, 한반도의 남쪽 지방에 살던 사람들), 말갈족으로 불린 읍루, 일본 사람을 가리키는 왜가 포함되어 있습니다.

학자에 따라서는 '오랑캐'란 뜻의 '이(夷)' 자 속에 큰(大) 활(弓)을 가리키는 글자가 포함된 것으로 보아, 동이족이 활을 잘 다루며 용맹하고 힘찬 기상을 가진 사람들이었을 것이라고 이야기하기도 합니다.

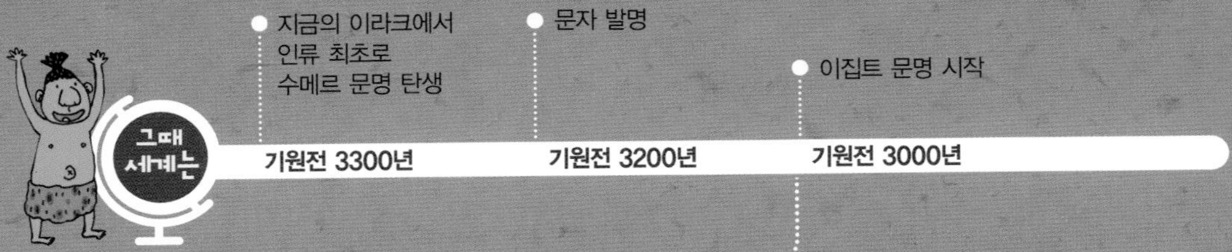

기원전 3000년 | 선사 문화 발달

고인돌 왕국, 한반도

한반도에는 약 3만여 기의 고인돌이 있습니다.
전 세계 고인돌의 절반 가까운 숫자가 우리나라에 몰려 있을 만큼
대한민국은 세계에서 으뜸가는 고인돌 왕국이지요.
옛 선조들은 왜 고인돌을 만들었고
그 고인돌은 무엇에 쓰는 물건이었을까요?

세계에서 고인돌을 가장 많이 가진 나라

우리나라의 문화유산 중에는 세계에 알려진 것들이 많습니다. 한글, 팔만대장경, 불국사, 석굴암……. 그런데 2000년 11월, 우리가 생각지도 못한 유적 하나가 또 한번 세계의 주목을 받았습니다. 전라북도 고창, 전라남도 화순 그리고 강화도 지역에 있는 고인돌이 유네스코**국제 연합 교육 과학 문화 기구, UNESCO** 세계문화유산으로 뽑힌 것이지요.

고인돌이란, 이름 그대로 크고 넓적한 돌을 받침돌로 고여 놓았다는 뜻입니다. 고인돌은 전 세계에 많이 퍼져 있습니다. 그중 프랑스와 영국 등 유럽에 있는 고인돌이 가장 유명합니다. 이 나라들은 고인돌을 관광 자원으로 만들어 많은 돈도 벌고 있지요.

그런데 우리나라 고인돌이 세계문화유산이 되면서 놀라운 사실도 함께 알려졌습니다. 전 세계 고인돌의 절반 가까운 숫자가 우리나라에 몰려 있다는 것입니다. 우리나라에 있는 고인돌은 남북한을 합쳐서 약 3만 기라고 합니다. 우리는 모르고 있었지만, 대한민국은 세계에서 으뜸가는 고인돌 왕국이었던 셈이지요.

그럼 이렇게 많은 고인돌이 우리 눈에 띄지 않은 이유는 무엇일까요? 그건 고인돌의 모습 때문입니다. 받침돌 위에 큰 돌이 있는 탁자 모양의 고인돌은 남쪽에는 드뭅니다. 눈에 금방 띄는 이런 형태는 북쪽에 많이 있지요. 남쪽에 있는 고인돌은 큰 돌 하나만 덩그러니 놓아두거나 아주 자그마한 받침돌로 괴어 놓은 형태가 대부분이라, 우리는 '이게 고인돌이야, 바위야?' 하고 무심코 지나친 경우가 많았던 겁니다.

무엇에 쓰는 물건인고?

'선사 시대' 란 역사를 문자로 기록하기 이전의 시대를 말합니다. 당연히 유물과 유적으로 당시의 생활 모습을 추측할 수밖에 없지요. 고인돌은 우리에게 선사 시대를 살았던 조상들의 생활을 알려 주는 중요한 유적입니다. 특히 당시 사회가 고인돌을 만들 수 있을 만큼 큰 규모로 발달해 있었다는 것을 말해 주지요. 작게는 10톤에서 크게는 100톤에 이르는 덮개돌을 나르기 위해서는 수십 명에서 많게는 1,000여 명에 달하는 힘이 필요합니다. 결국 이렇게 많은 사람들이 한데 모여 살 정도로 사회가 크게 발달했다는 의미겠지요.

군장이라는 마을의 지배자가 생겼고, 그들은 마을 사람들에게 고인돌을 만들도록 명령했습니다. 자신의 무덤을 만들게 한 것이지요.

● **청동방울 · 칠두령 · 팔주령**
제사와 정치가 하나로 이루어졌던 청동기 시대에 제사장들이 주술적 의미로 사용했던 도구다.

1

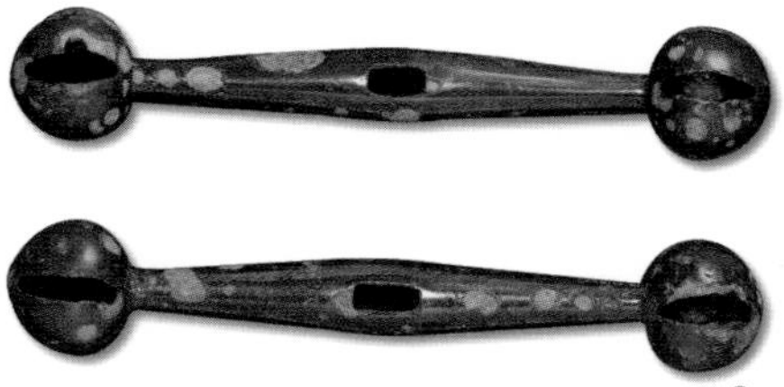
2

3

4

5

- 세형동검 1
- 청동쌍령구 2
- 청동공부 3
- 청동삭구 4
- 잔무늬 거울 5

청동기 시대의 무덤 유적에서 출토된 유물이다.

그런데 한 가지 이상한 게 있습니다. 군장의 무덤인 고인돌이 3만 개나 있으니 도대체 명령을 내리는 지배자가 왜 그리 많았냐는 것입니다. 하지만 모든 고인돌이 군장의 무덤은 아니었습니다. 1,000명도 넘는 사람들의 힘이 있어야 만들 수 있는 큰 고인돌은 군장이나 제사장의 무덤이 분명하지만, 수십 명이 달라붙으면 금방 만들 수 있는 작은 고인돌은 평범한 백성들의 무덤이었죠. 즉 고인돌은 이 무렵 가장 널리 사용한 무덤의 한 형태였던 것입니다.

고인돌을 만들던 시기는 농사가 본격적으로 시작된 때기도 했습니다. 사람들은 이제껏 사용한 돌 대신 청동을 이용해 도구를 만들었지요. 농사가 발달하고 청동을 이용한 그릇과 도구를 사용하게 되면서 사회는 점점 더 발전했습니다. 우리는 이 시대를 '청동기 시대'라 부르지요. 우리나라의 청동기 시대는 지금으로부터 약 3000년 전에 시작되었다고 합니다. 다시 말해 고인돌은 청동기 시대 우리 민족의 발전한 생활을 보여 주는 대표적인 유적인 셈입니다.

하룻밤 마무리

우리나라 고인돌에 묻힌 외국인?

2005년, 강원도 정선군 아우라지에 있는 고인돌 유적지에서 아주 놀라운 것이 발견됐습니다. 고인돌 밑에서 사람의 뼈를 발견했는데 신기하게도 우리나라 사람 것이 아닌 백인의 뼈였던 것입니다. 이 뼈의 DNA**유전자**를 조사한 학자들은 지금의 영국인과 아주 흡사한 DNA를 발견했다고 합니다.

사실 우리나라 고인돌 유적에서 서양인의 뼈가 나온 것은 이번이 처음이 아닙니다. 1965년 충청북도 제천 황석리 유적에서 발견된 뼈에서도 서양인과 흡사한 DNA가 발견됐지요. 도대체 이들은 누구며, 그 옛날 무슨 일로 한반도까지 찾아와 고인돌 밑에 묻히게 된 걸까요? 이것은 아직도 역사의 수수께끼로 남아 있습니다.

세계의 거석 유적, 모아이와 스톤헨지

고인돌처럼 돌로 만든 유적을 '거석 유적'이라 합니다. 한자로 클 거**巨**에 돌 석**石** 자를 써서 '아주 큰 돌로 이루어진 유적'이라는 뜻이지요.

우리나라의 대표적인 거석 유적이 바로 고인돌입니다. 하지만 다른 나라에도 거석 유적은 많습니다. 남태평양의 작은 섬 이스터에 있는 거대한 석상 모아이는 세계적으로 유명합니다. 현재까지 약 1,000개가 남아 있지요. 그중 가장 큰 건 3.5~4.5미터 높이에 무게가 20톤에 달한답니다. 이 석상들을 어떻게 만들었는지는 현대 과학으로 밝혀냈지만, 이것들을 왜 만들었지는 아직 정확히 알아내지 못했습니다.

또, 영국 남부 솔즈베리 평원에는 '스톤헨지'라는 거대한 돌기둥들이 서 있지요. 청석암으로 만들어진 이 돌기둥의 재료는 무려 240마일(약 390킬로미터)이나 떨어진 곳에서 옮겨온 것들입니다. 고대인들이 무게가 26톤이나 되는 돌을 어떻게 옮겼고, 왜 스톤헨지를 만들었는지 아직 정확하게 밝혀지지 않았지요.

넌 얼굴이라도 있지.
내 다리 돌려줘라.

- 기원전 2600년: 중국 역사 시작
- 기원전 2500년: 인도에서 인더스 문명 시작, 바빌로니아에서 구구단과 십진법 발명
- 기원전 1850년: 인류 최초의 법전 '함무라비 법전' 제정

기원전 2333년 | 우리나라에 최초의 국가가 세워지다

뭐, 우리 몸속에 곰의 피가 흘러?

서양에 그리스 로마 신화가 있듯이,
우리나라에는 단군 신화가 있습니다.
단군 신화는 고려 시대 일연 스님이 펴낸 『삼국유사』에 실려 있어요.
단군왕검이 어떻게 고조선을 세웠는지,
곰이 어떻게 인간이 된 것인지 알려 준답니다.

우리 민족의 뿌리, 단군 신화

고려 시대 일연 스님이 펴낸 『삼국유사』에는 유명한 단군 신화가 실려 있습니다. 우리 한민족의 가장 오랜 조상인 '단군왕검' 할아버지가 어떻게 최초의 나라 고조선을 세웠는지 알려 주는 이야기지요.

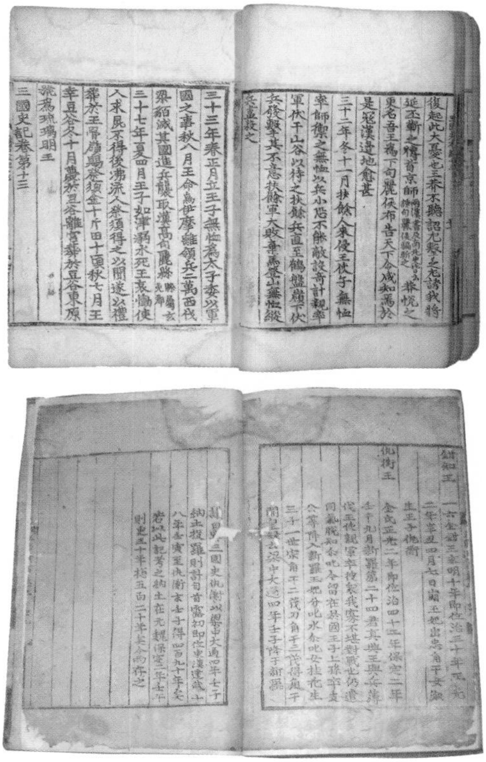

● **삼국사기 · 삼국유사**
고려 인종 때 김부식이 펴낸 『삼국사기』와 고려 충렬왕 때 승려 일연이 쓴 『삼국유사』다.

옛날 환인하느님의 아들 환웅이 인간 세상을 다스려 널리 인간을 이롭게 하고 싶어했다. 이를 알게 된 환인은 환웅에게 천부인하늘의 아들임을 증명하는 도장을 주어 세상으로 내려가게 했다. 환웅은 무리 3,000명을 이끌고 태백산 꼭대기 신단수로 내려왔다. 바람, 비, 구름을 다스리는 신하를 거느리고 곡식, 질병, 형벌, 생명 등 360가지 일을 맡아서 다스렸다.

그러던 어느 날 곰과 호랑이가 환웅을 찾아와 사람이 되게 해 달라고 빌었다. 환웅은 쑥 한 줌과 마늘 스

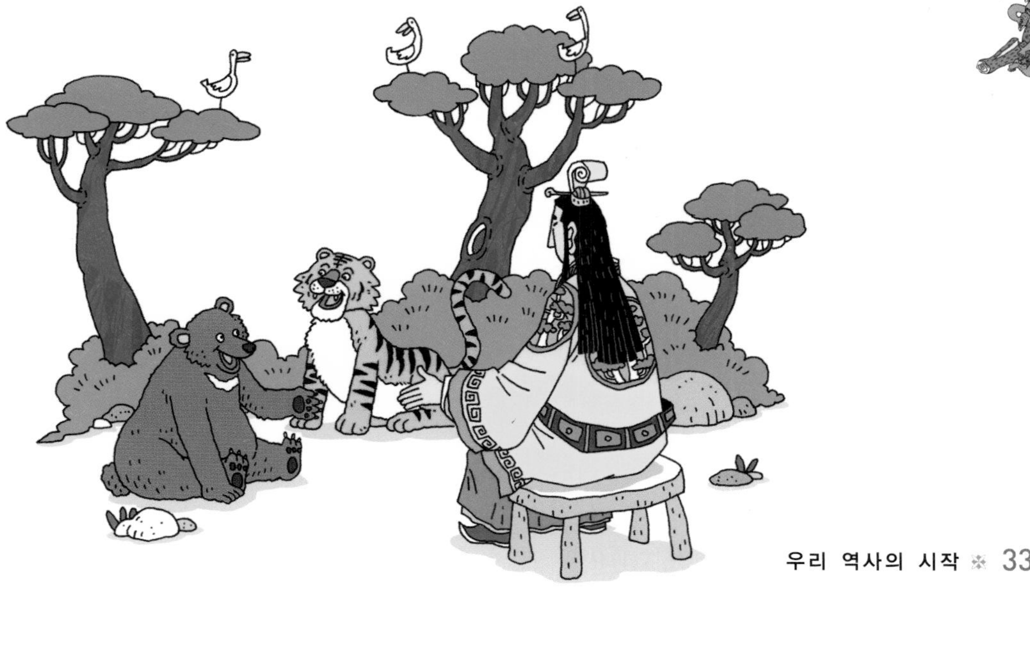

무개를 주며 말했다.

"이것을 먹고 100일 동안 햇빛을 보지 않으면 사람이 될 수 있다."

호랑이는 참지 못하고 도망쳤지만 곰은 환웅의 말을 따라 묵묵히 견디어 삼칠일21일 만에 사람이 되었다. 환웅은 여자로 변한 곰웅녀과 결혼해 단군왕검을 낳았다. 단군왕검은 아사달에 도읍을 정하고 조선을 세웠다. 이후 1,500년 동안 나라를 다스린 뒤 산으로 들어가 산신이 되었다.

"그냥 황당한 옛날이야기 아닌가요?"

시큰둥해 할 친구들 얼굴이 떠오릅니다. 하지만 신화에 역사의 비밀이 숨어 있다는 걸 알면 그렇지 않을 겁니다. 신화에는 옛날 사람들이 생각한 우주 탄생의 비밀, 자기 민족이나 영웅들의 역사가 고스란히 드러나는 경우가 많으니까요. 그래서 신화 속에 숨어 있는 역사적 사실을 발견하는 재미가 쏠쏠합니다. 마치 숨은 그림을 찾는 것과도 같지요.

단군 신화도 마찬가지입니다. 이 이야기에는 우리나라 최초의 나라 고조선이 세워지는 과정이 잘 드러나 있습니다. 자, 단군 신화 속에 어떤 역사가 숨어 있는지 알아보도록 하지요.

단군 신화에 숨어 있는 고조선 탄생 과정

제일 먼저 환웅에 대해 살펴볼까요. 단군 신화에서 환웅은 하늘에서 내려온 인물로 그려집니다. 하지만 사람이 하늘에서 내려올 수는 없으니 이것을 어떻게 생각하면 좋을까요?

환웅이 하늘에서 내려왔다는 것은 원래부터 태백산 지역에서 살던 사람이 아니라는 것을 말해 줍니다. 하늘이란 그냥 알려지지 않은 어떤 곳을 가리키는 것이지요. 그런데 그는 무리 3,000명과 바람, 비, 구름을 다스리는 신하들을 데리고 왔습니다. 이들에게 곡식, 질병, 형벌, 선악 등을 다스리는 임무를 맡겼고, 사람들이 살아가는 데 꼭 필요한 것도 함께 가지고 왔습니다.

우리는 이를 통해 환웅의 무리가, 태백산 지역에 살고 있던 사람들이 갖지 못했던 발달된 문화를 가지고 어딘가에서 온 사람들이란 걸 알 수 있습니다. 환웅은 이들을 이끌던 뛰어난 지도자인 셈이지요.

웅녀 역시 마찬가지입니다. 곰이 사람으로 변할 수는 없습니다. 여기서 말하는 곰은, 원래부터 태백산 지역에 살면서 곰을 신으로 섬기던 부족을 뜻합니다. 웅녀란 그 부족을 다스린 족장의 딸이겠지요. 환웅은 이 여자와 결혼했습니다. 결국 환웅이 이끌고 온 무리와 곰을 섬기는 부족이 힘을 합해 고조선의 밑바탕을 만들어낸 것입니다.

그럼 인간이 되지 못한 호랑이는 누구일까요? 이들은 태백산 지역에 살며 호랑이를 신으로 섬긴 사람들로, 환웅의 무리를 받아들이지 못하고 끝까지 싸우다 쫓겨나게 된 부족이지요.

이 밖에도 단군 신화에는 당시의 생활을 이해할 수 있는 여러 가지 사실이 숨어 있습니다. '단군왕검'은 제사장을 가리키는 '단군'과 정치적 지배자를 뜻하는 '왕검'을 합친 말입니다. 이를 통해 당시 왕은 하늘에 제사를 지내는 일과 나라를 다스리는 일을 동시에 맡았음을 알 수 있습니다. 또 '바람, 비, 구름을 다스리는 신하'를 통해 고조선 사회가 농사짓는 일을 중요하게 여겼다는 사실도 짐작할 수 있지요.

그럼 단군왕검이 1,500년이나 나라를 다스렸다는 이야기는 무슨 뜻일까요? 단군 할아버지가 1,500년이나 살면서 나라를 다스렸다는 말일까요?

단군왕검이란 고조선을 다스린 임금의 자리를 가리키는 말입니다. 즉 여러 명의 단군왕검이 1,500년 동안 나라를 다스리다 어떤 일을 통해 자리에서 물러나게 됐다는 사실을 말해 주는 것이지요.

자, 이제 우리는 단군 신화를 통해 고조선의 탄생 과정을 잘 이해할 수 있게 되었습니다. 우리 몸속에 곰의 피가 흐르지 않아 천만다행이라고요?

하룻밤 마무리

우리 고대사의 보물 창고, 『삼국사기』와 『삼국유사』

우리 민족의 고대 역사를 다룬 책 중 가장 오래된 것은 『삼국사기』와 『삼국유사』입니다. 『삼국사기』는 1145년(인종 23년)에 김부식이 임금의 명령을 받고 펴냈지요. 고구려 역사 10권, 백제 역사 6권, 신라 · 통일신라 역사 12권 등 모두 50권으로 이루어져 있습니다. 『삼국유사』는 1281년(충렬왕 7년) 일연 스님이 펴낸 5권짜리 역사책입니다. 단군 신화도 바로 이 책에 실려 있습니다.

『삼국사기』와 『삼국유사』는 삼국 시대 역사를 다뤘다는 공통점이 있지만, 두 책은 조금 다릅니다. 『삼국사기』는 일어난 역사적 사실을, 『삼국유사』는 우리 민족과 관련된 여러 가지 신화, 전설 등을 풍부하게 소개하고 있기 때문입니다.

조선은 무슨 뜻일까?

조선을 한자로 쓰면 '朝鮮'입니다. 아침이란 뜻의 '조(朝)'와 곱다, 새롭다는 뜻을 가진 '선(鮮)'이 합쳐진 말이지요. 즉 '아침에 해가 뜨는 나라'라는 의미를 갖고 있습니다. 조선이란 이름이 어떻게 태어났는지는 알려지지 않았습니다. 학자들은 이 이름이 아사달이란 말에서 나오지 않았을까 추측하고 있습니다. '아사'란 아침을 뜻하는 우리 옛말이고, '달'은 땅을 가리키는 말로 '아침에 해가 솟는 땅'이라는 의미에서 '조선'이 됐다는 것이지요.

- 기원전 1430년: 그리스 크레타 섬에서 철기 사용
- 기원전 1193년: 트로이 전쟁
- 기원전 776년: 그리스에서 올림픽 경기 시작
- 기원전 483년: 석가모니 죽음
- 기원전 202년: 유방, 중국에서 한나라 건국

기원전 2333년~기원전 108년 | 고조선의 발전과 멸망

고조선에서도 김치를 먹었다

고조선 백성들의 생활은 나날이 발전했습니다.
그들은 우리처럼 김치를 먹었고, 농사를 지었으며
춤과 노래를 사랑했지요.
하지만 이웃한 한나라의 침입으로 왕검성은 눈물을 흘리게 됩니다.

고조선의 김치

단군왕검이 세운 고조선은 나날이 발전했습니다. 백성들은 마을을 이루고 함께 농사를 지었지요. 고조선 사람들이 재배한 농작물은 아주 다양합니다. 벼는 물론 조, 기장, 수수도 심었고 만주가 원산지**물건이 원래 생산되던 곳**인 콩도 재배했습니다. 가축을 기르는 기술도 날로 늘었습니다. 개는 이미 오래 전부터 사람들의 친구가 되었고, 사람들은 소, 돼지, 말 등을 길러 생활에 보탰습니다.

우리나라의 대표적인 음식을 꼽으라면 무엇을 들 수 있을까요? 아마도 김치와 된장찌개가 첫 손에 꼽힐 겁니다. 그런데 이런 음식이 처음 생긴 것도 3,000년에서 4,000년 전인 고조선 때였습니다. 김치라는 말은, 채소를 소금에 절여 물속에 잠기게 한다는 뜻의 '침채(沈菜)'에서 나왔습니다. 고조선 사람들도 여러 가지 채소를 소금물에 절여 김치를 만들어 먹었습니다. 물론 이때 김치는 고춧가루에 버무린 지금 김치와는 다릅니다. 무나 채소를 소금에만 절여 그대로 먹었으니까요.

우아!
하얀 김치네요!

우리 민족 문화의 바탕을 이루다

경기도 일산에서 기원전 2000년대의 유물이 발견된 적이 있습니다. 그런데 여기에는 볍씨와 함께 오이씨, 박씨와 같은 것들이 섞여 나왔습니다. 이를 통해 우리는 고조선 사람들이 여러 가지 채소를 김치로 만들어 먹었다는 사실을 알 수 있었지요.

고조선 사람들이 채소를 소금에 절여 먹은 이유는 무엇일까요? 바로 사계절이 뚜렷하고 겨울이 긴 우리나라의 기후 때문입니다. 사람들은 기나긴 겨울 동안에도 건강을 위해 반드시 채소를 먹어야 했지요. 그러려면 가을에 거두어들인 채소를 겨울에도 신선하게 보관할 수 있어야 했습니다. 소금에 절이는 건 가장 좋은 방법이지요. 신선하게 오랫동안 보관할 수 있고, 소금에 절인 채소 속에는 몸에 좋은 영양소가 듬뿍 들어 있으니까요.

된장도 마찬가지입니다. 콩을 썩히지 않고 오랫동안 보관하기 위해서는 메주를 쑤어 된장으로 만드는 게 가장 좋은 방법입니다. 우리 민족이 처음으로 만들어 먹은 된장은 그 뒤 중국이나 일본까지 전해져 우리나라를 대표하는 음식이 되었습니다.

고조선 때 우리 민족의 대표적인 음식이 나타난 것은 아주 중요한 사실을 말해 줍니다. 바로 우리 민족 문화의 바탕이 이때 만들어졌다는 것을 의미하니까요. 그동안 우리 민족은 많은 전쟁을 치르면서 때로는 나라를 잃기도 하고, 때로는 우리끼리 서로 싸우기도 했지요. 하지만 우리가 하나의 민족이라는 생각만큼은 한 번도 버린 적이 없습니다. 사용하는 말이 같고, 문화도 똑같았기 때문입니다. 이처럼 똑같은 말, 똑같은 문화가 시작된 건 바로 고조선 때입니다. 우리 역사 속에서 고조선이 얼마나 중요한 자리를 차지하는지 잘 알 수 있겠지요.

노래와 춤을 사랑한 민족

음식만이 아니라 흥겨운 놀이 문화도 마찬가지입니다. 아주 오래전부터 외국 사람들은 우리 민족을 가리켜 노래와 춤을 좋아하는 사람들이라고 불렀습니다. 중국의 역사책 『삼국지』「위지 동이전」을 보면, '고구려 백성들은 노래와 춤을 좋아해 밤이 되면 마을마다 남녀가 떼 지어 노래하며 즐긴다', '마한 사람들은 모여서 노래하고 춤추는 것을 즐긴다', '변한은 노래하며 춤추고 술 마시기를 좋아한다'라는 구절이 나옵니다.

마한과 변한은 한반도 남쪽에 있던 우리 민족의 나라들이었지요. 이처럼 우리 민족은 아주 오랜 옛날부터 흥겨운 놀이 문화를 만들고 즐겨 왔습니다. 이런 전통은 오늘날까지 전해져, 외국 사람들은 한국인을 세계에서 춤과 노래를 가장 좋아하는 민족이라고 이야기하곤 합니다.

그런데 이런 풍습이 만들어진 것도 바로 고조선 때입니다. 뱃사공 곽리자고의 아내 여옥이라는 사람이 만든 '공무도하가'를 보면 알 수 있습니다. 이 노래는 머리가 하얗게 센 노인이 강에 뛰어들어 목숨을 끊자, 슬퍼하던 그의 아내가 뒤따라 강에 몸을 던져 함께 목숨을 끊은 모습을 보고 만든 것입니다. 남편인 곽리자고가 이야기를 들려주자 여옥이 그 자리에서 공후라는 악기를 연주하며 노래를 만들었지요.

뱃사공의 아내마저 악기를 연주하고 노래를 만들 줄 알았다는 사실에서 우리는 무엇을 생각할 수 있을까요? 평범한 백성도 악기를 다루고 노래를 만들 수 있을 정도로 흥겨운 놀이 문화가 백성들의 삶 속에 깊숙이 자리 잡고 있었다는 사실입니다.

아아, 왕검성의 눈물

수천 년을 평화롭게 살던 고조선 사람들에게도 불행이 몰려왔습니다. 평화는 깨졌고 고조선은 중국의 침략을 받아 멸망하고 맙니다. 기원전 210년, 진 시황제가 죽자 중국에는 새롭게 한나라가 등장합니다. 이때 연나라의 수많은 백성들이 전쟁을 피해 고조선으로 들어왔지요. 위만도 그중 하나였습니다. 발달한 철기 문화를 가지고 있던 위만은 곧 고조선의 왕이 되었습니다. 역사가들은 이때의 고조선을 '위만 조선' 이라고 부르기도 하지요.

위만이 다스리면서부터 고조선은 더욱 강해졌습니다. 그러자 한나라 임금 무제는 장차 고조선이 한나라를 넘볼 것을 두려워하였고, 결국 5만 명이 넘는 군대를 보내 고조선을 침략했습니다.

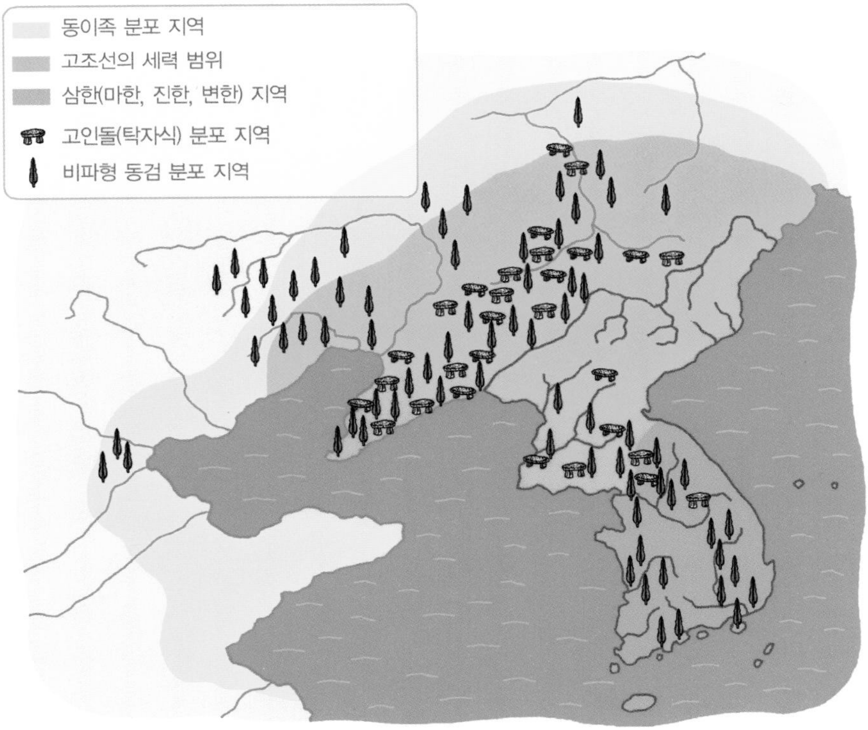

▲ 탁자식 고인돌과 비파형 동검은 고조선을 대표하는 유적, 유물로 만주와 북한에서 집중적으로 발굴되었다.

고조선 사람들은 왕검성 문을 굳게 닫고 용감하게 싸웠습니다. 처음에는 용맹한 고조선 군대가 승리를 거뒀습니다. 한나라의 강한 군대도, 하나로 똘똘 뭉쳐 싸우는 고조선 사람들을 당해낼 수 없었던 것입니다.

하지만 오랫동안 전쟁이 계속되자 고조선 사람들은 점차 용기를 잃어 갔습니다. 계속 싸우자는 사람들과 항복하자는 사람들로 나뉘어 결국에는 같은 편끼리 싸우는 일마저 생겼지요. 결국 고조선의 마지막 임금 우거왕은 항복을 주장하는 사람들의 손에 죽고 말았습니다. 최후까지 남아 왕검성을 지킨 장군 성기마저 그들의 손에 힘없이 죽어 갔지요.

장군 성기가 죽자 왕검성은 한나라의 손에 떨어졌습니다. 1년에 걸쳐 한나라 대군과 피나는 싸움을 벌인 끝이었습니다. 기원전 108년, 2,000년을 이어온 고조선은 그렇게 막을 내렸습니다.

하룻밤 마무리

고조선과 위만 조선은 어떤 관계일까?

위만(?~?)은 중국 연나라 사람입니다. 한나라가 연나라를 위험에 빠뜨리자 위만은 무리 1,000여 명을 이끌고 고조선으로 도망쳐 왔습니다. 그 무렵 고조선을 다스리던 준왕은 위만을 받아들이고 서쪽 땅을 지키게 합니다. 하지만 이곳에서 힘을 기른 위만은 준왕을 내쫓고 스스로 고조선의 왕이 되지요. 고조선 마지막 임금인 우거왕은 바로 위만의 손자입니다.

일연 스님은 『삼국유사』에서 단군이 다스린 조선과 위만이 다스린 조선을 구분하기 위해 고조선, 위만 조선이란 이름을 썼습니다. 옛날을 가리키는 '고(古)' 자를 붙여 '옛 조선', 위만이 다스렸다고 해서 '위만 조선'이라 부른 것이지요. 위만이 고조선에 올 때 상투를 틀고 조선 옷을 입었다는 사실 때문에 그를 연나라에 살던 조선 사람으로 생각하는 이들도 있습니다.

짜장면의 짝꿍, 단무지 고향은?

짜장면을 먹을 때 단무지가 없으면 그 맛이 덜하지요. 단무지는 일본 사람들이 먹는 김치의 하나로, 일본 단무지의 고향은 원래 백제입니다. 무를 절여서 먹던 김치를 백제의 수수보리라는 사람이 일본에 전한 것이지요. 그래서 단무지를 처음에 '수수보리지'로 불렀다고 합니다. 옛날에도 김치의 한류가 있었던 셈이지요.

고조선의 범금 8조

중국 역사책 『한서』에는 고조선에 있었던 법이 소개되어 있습니다. 8가지 조항으로 이루어져 있는 고조선의 '범금 8조' 중 3가지가 전해 오는데, 내용은 다음과 같습니다.

※ 사람을 죽인 자는 사형에 처한다.

※ 남을 다치게 한 자는 곡식으로 갚아야 한다.

※ 도둑질한 사람을 도둑맞은 집의 노비로 삼는다. 노비가 되고 싶지 않으면 50만 전의 돈을 내야 한다.

이 범금 8조를 통해 고조선 사람들은 생명을 귀하게 여겼고, 개인의 재산을 인정하고 보호해 주었다는 것을 알 수 있지요. 또 노비가 있었다는 사실을 통해 신분의 차이가 생겼음을 알 수 있고, 화폐를 사용할 만큼 상업이 발달했다는 사실도 짐작할 수 있습니다.

胡寇俗與趙代相類有漁鹽棗栗之饒北隙烏丸夫
餘
東賈真番之利元菟樂浪武
帝時置皆朝鮮濊貉句驪蠻夷 殷
道衰箕子去之朝鮮 教其
民以禮義田蠶織作樂浪朝鮮民犯禁八條
相殺以當時償殺相傷以穀償相盜者男沒入爲
其家奴女子爲婢欲自贖者人五十萬雖免爲民俗
猶羞之嫁取無所讎 是以其民終不
相盜無門戶之閉婦人貞信不淫辟 其田
民飲食以籩豆 都邑頗
放效吏及內郡賈人往往以杯器食
郡初取吏於遼東吏見民無閉藏及
前漢書 卷二十八下 地理志 中華書局聚

● 『한서』에 실려 있는 범금 8조

무엇에
쓰는 물건인고?

어린이를 위한 하룻밤에 읽는 한국사

2

고구려·백제·신라, 삼국 시대를 열다

기원전 37년 고구려 건국

물고기와 자라의 등을 밟고 도망친 주몽

기원전 18년 백제 건국

왜 백제의 건국 신화는 신비롭지 않을까?

기원전 57년 신라 건국

아주 복잡했던 신라의 건국 과정

42년 금관가야 건국

인도 여인과 결혼한 가야 김수로왕

391년~412년 우리 역사의 영웅 광개토 대왕

진격하라, 광개토대왕!

284년~552년 활발한 무역을 벌인 강대국 백제

고요하지만 강한 나라, 백제

527년 불교를 받아들인 신라

이차돈이 하얀 피를 흘리며 죽은 이유

42년~562년 가야 역사

우리가 잊은 나라, 가야

632~897년 신라의 여왕

역사상 단 세 명의 신라 여왕들

660년 백제 멸망

의자왕은 정말 삼천 궁녀를 거느렸을까?

668년 고구려 멸망

그토록 강한 고구려는 왜 멸망했을까?

그때 세계는

- 기원전 146년 — 카르타고 멸망
- 기원전 97년 — 한나라의 사마천 역사책 『사기』 지음
- 기원전 44년 — 카이사르 암살 당함
- 기원전 34년 — 로마 장군 안토니우스와 이집트 여왕 클레오파트라 결혼

기원전 37년 | 고구려 건국

물고기와 자라의 등을 밟고 도망친 주몽

해모수의 아들로 태어나 부여의 세력 다툼에서 밀려 압록강 졸본 땅으로 건너간 주몽. 기원전 37년 고구려를 세운 주몽은 누구고, 주몽은 어떻게 고구려를 건국했을까요?

고구려 건국 신화

고조선이 멸망한 뒤 새롭게 고구려, 백제, 신라가 등장했습니다. 세 나라는 그 뒤 700여 년 동안 우리 민족의 역사를 이끌어갑니다. 우리는 이때를 가리켜 '삼국 시대'라고 부르지요.

고구려, 백제, 신라도 고조선의 단군 신화처럼 건국 신화가 있습니다. 믿기 힘든 이야기들도 등장하지요. 하지만 단군 신화처럼 그 내용을 찬찬히 살펴보면 세 나라가 세워진 시대 상황을 짐작할 수 있습니다. 먼저 고구려의 건국 신화부터 살펴볼까요?

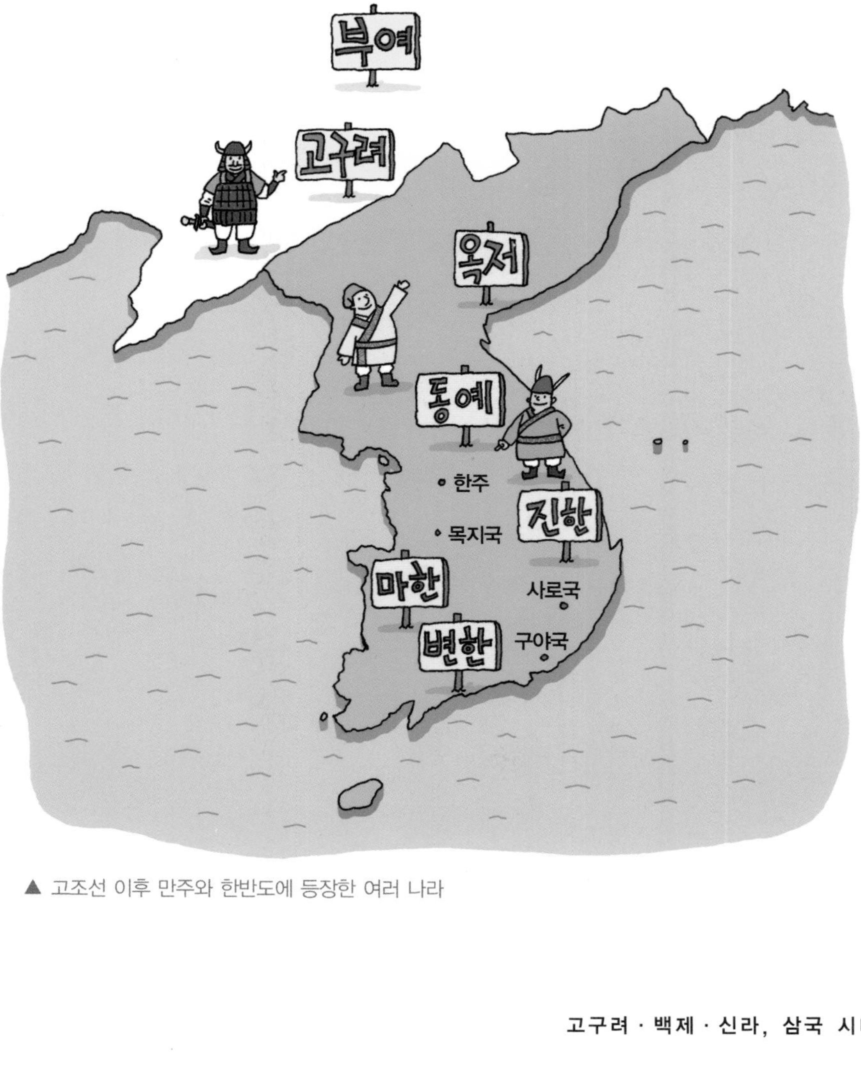

▲ 고조선 이후 만주와 한반도에 등장한 여러 나라

알에서 태어난 주몽

부여 왕 해부루는 나라를 물려줄 아들이 없었습니다. 걱정이 된 해부루는 산천에 제사를 지내 아들을 얻게 해달라고 빌었습니다. 그러던 어느 날, 제사를 지내러 가던 해부루는 길에서 금빛 개구리 모양의 아기를 발견했습니다. 해부루는 이 아이를 아들로 삼고 '금빛을 띤 개구리'란 뜻의 '금와'라 불렀지요. 금와는 해부루의 뒤를 이어 부여의 왕이 되었습니다.

어느 날 궁궐을 나선 금와왕은 태백산 남쪽 우발수란 강가에서, 물을 다스리는 신 하백의 딸 유화를 우연히 만났습니다. 유화는 아버지 몰래 천제 **하늘을 다스리던 황제**의 아들인 해모수의 아이를 임신했고, 화가 난 아버지에게 쫓겨난 것이었지요. 금와왕은 유화를 궁궐로 데려와 아이를 낳을 수 있게 해주었습니다.

그런데 아주 이상한 일이 생겼습니다. 유화가 커다란 알을 낳은 것입니다. 깜짝 놀란 금와왕은 알을 버리라고 명령했습니다. 하지만 개와 돼지 같은 짐승들도 알을 보고 놀라 피하는 것입니다. 단단한 알은 돌로도 깨지지

● **수렵도**
사냥하는 모습을 그린 그림으로, 고구려 무사의 굳센 기상을 엿볼 수 있다.

않았지요. 금와왕은 하는 수 없이 유화에게 알을 돌려주었습니다.

얼마 뒤, 알 속에서 사내아이가 태어났습니다. 아주 씩씩하게 생긴 아기였지요. 세월이 흐르자 아기는 뛰어난 재주를 가진 청년으로 자랐습니다. 특히 활 쏘는 재주가 뛰어나 '주몽'이란 별명까지 얻었습니다. 주몽이란 부여 말로 '활을 잘 쏘는 사람'이란 뜻이지요.

금와왕에게는 일곱 명의 아들이 있었습니다. 이들은 재주 많은 주몽이 장차 왕 자리를 빼앗을까 두려워했습니다. 그래서 몰래 주몽을 죽이려 했지요. 생명에 위협을 느낀 주몽은 자신을 따르는 무리를 이끌고 부여에서 도망쳤습니다.

하지만 주몽은 또다시 큰 위기를 만났습니다. 엄시수라는 강가에 이르렀는데 배가 없어 강을 건널 수 없었기 때문이지요. 뒤쪽에서는 왕자들이 보낸 군대가 함성을 지르며 달려왔고, 주몽은 소리쳤습니다.

"나는 천제와 하백의 손자다! 목숨이 위태로우니 어쩌면 좋겠는가?"

그러자 놀라운 일이 생겼습니다. 강에 사는 물고기와 자라들이 모여들어 다리를 놓아주었습니다. 주몽 일행이 다리를 건너자 물고기와 자라들은 다시 흩어져 다리는 사라져버렸지요. 뒤쫓던 병사들은 안타깝게 소리만 지를 뿐이었습니다.

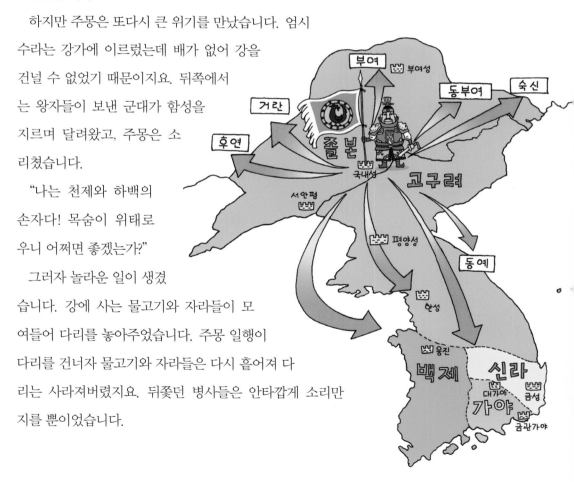

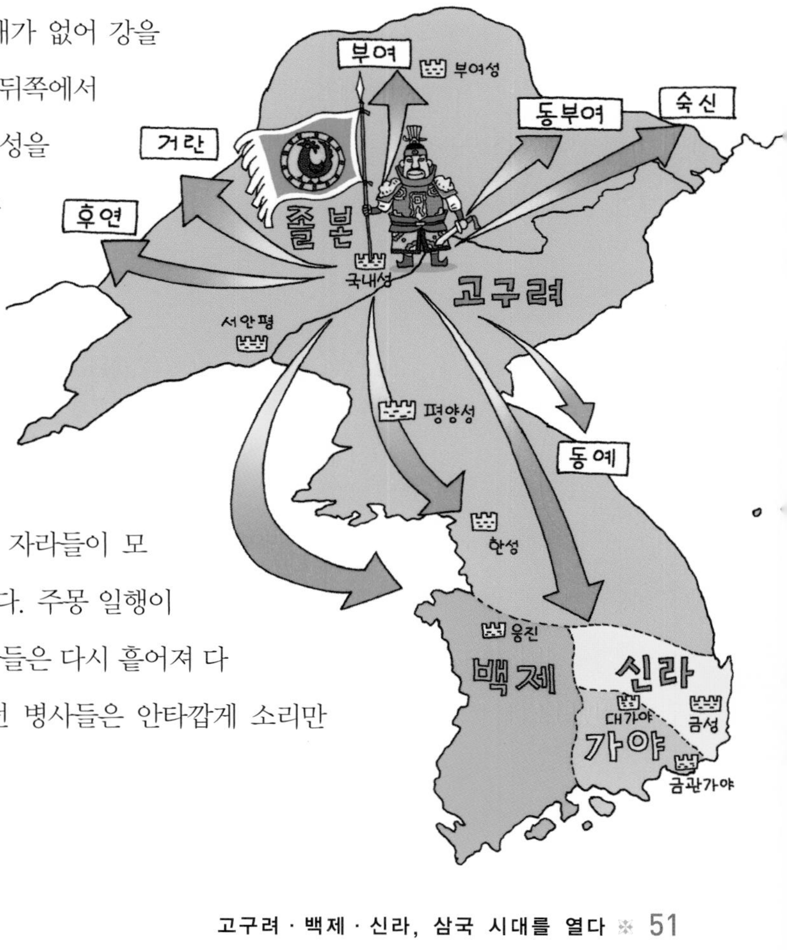

무사히 몸을 피한 주몽은 압록강가에 위치한 졸본을 향해 떠났습니다. 도중에 재사, 무골, 묵거라는 사람들을 만나 부하로 삼기도 했지요. 졸본에 도착한 주몽은 그곳에 나라를 세웠습니다. 나라 이름을 고구려라 짓고 자신의 성을 고씨로 정했지요. 주몽의 나이 스물두 살이었습니다.

물고기와 자라는 누구를 가리키는 것일까?

고구려 건국 신화를 통해 우리가 알 수 있는 당시의 상황은 무엇일까요? 우선 고구려는 부여에서 갈라져 나온 나라라는 사실입니다. 부여의 왕실 안에서 다툼이 일어나 고구려가 갈라져 나온 것이지요. 주몽 역시 금와왕과 가까운 부여 왕실의 자손일 가능성이 높습니다. 주몽은 금와왕의 아들들과 싸워 패하자, 하는 수 없이 졸본으로 도망쳤지요. 오히려 이것은 역사상 가장 강력했던 나라 고구려를 세우는 계기가 되었습니다.

고구려 사람들은 자부심이 강했습니다. 비록 부여에서 쫓겨났지만, 자신들은 부여 사람들보다 훨씬 더 신성하고 강하다 생각했습니다. 그래서 천제의 아들 해모수를 조상으로 내세운 것이지요.

주몽을 위기에서 구해 준 물고기와 자라는 무엇을 뜻할까요? 주몽이 졸본으로 가는 여정 동안 강가에 살던 부족들의 도움을 받았음을 의미합니다. 재사, 무골, 묵골과 같은 사람들 역시 마찬가지입니다. 주몽이 부하로 삼은 주변의 부족장이지요. 결국 고구려 건국 신화는, 부여 왕실에서 갈라져 나온 세력이 남쪽으로 내려오며 여러 부족의 도움을 받아 나라를 세운 과정을 이야기하고 있습니다.

하룻밤 마무리

고조선 이후 두 번째로 나타난 나라, 부여

고조선이 멸망한 뒤 삼국 시대가 시작됐지만, 사실 우리 민족의 역사에서 두 번째로 나타난 나라는 부여입니다. 부여는 기원전 3세기경부터 서기 494년까지 약 600년간 존재한 나라입니다. 부여의 영토가 어디인지는 정확히 알려져 있지 않지만 대체로 중국 만주에 있는 송화강 주변의 드넓은 평야가 부여의 땅일 거라 짐작하고 있지요.

부여는 고조선이 멸망할 무렵 강한 힘을 자랑했습니다. 특히 목축업이 발달해 부여 사람들은 외국까지 '가축을 잘 기르는 사람' 이라고 소문이 날 정도였다고 합니다. 부여는 유목 민족인 선비족의 침입으로 나라가 크게 기울었다가 결국 고구려에 항복했습니다.

한 가지 재미있는 사실은 우리가 즐겨하는 윷놀이의 말판이 부여의 벼슬 이름에서 유래했다는 사실입니다. 도**돼지**, 개**개**, 걸**양**, 윷**소**, 모**말**는 바로 부여의 벼슬 이름인 저가**돼지**, 구가**개**, 우가**소**, 마가**말**에서 나왔기 때문입니다. 또 흰 옷을 즐겨 입던 우리 민족의 전통도, 부여 사람들이 흰색을 신성한 색으로 여겨 흰 옷을 즐겨 입은 데서 비롯했지요. 이 풍습이 그 뒤로도 계속 전해져 우리 민족은 백의민족이라 알려졌습니다.

주몽은 알에서 태어났으니 배꼽이 없겠지?

배꼽이 있는 건 엄마의 몸을 통해 태어난 젖먹이 짐승**포유류**뿐입니다. 사람이지만 알에서 태어난 주몽이나 박혁거세는 배꼽이 있을까요, 없을까요? 물론 배꼽이 있겠지요.

위대한 영웅이 알에서 태어난 이야기를 우리는 '난생 신화' 라고 합니다. 난생 신화는 하늘에서 영웅이 내려왔다는 사실을 강조하기 위해 만들어졌지요.

옛날 사람들은 새가 하늘과 가장 가깝게 지내는 동물이라 생각했고, 하늘이 보내 준 영웅은 당연히 새처럼 알에서 태어난다고 생각했습니다.

다른 나라에도 난생 신화가 많습니다. 중국 은나라를 세운 탕왕 역시 제비 알에서 태어났고, 청나라를 세운 애신각라도 붉은 까치 알에서 태어났다는 전설이 있습니다.

신화는
신화일 뿐
오해하지 말자!

그때 세계는

- **기원전 31년** 악티움 해전. 옥타비아누스가 안토니우스·클레오파트라 연합군 격파
- **기원전 30년** 로마와 인도 무역
- **기원전 27년** 옥타비아누스가 아우구스투스가 되어 로마 제정 시대 엶
- **기원전 15년** 한나라 신하인 왕상이 권력을 휘둘러 나라가 위기에 빠짐

기원전 18년 | 백제 건국

왜 백제의 건국 신화는 신비롭지 않을까?

주몽의 아들 비류와 온조는 고구려를 떠나 남쪽으로 이동했습니다. 온조는 한강의 비옥한 땅에 백제를 세웠지요. 부여를 조상의 나라로 섬기고 많은 문물을 받아들여 발전시킨 백제는 어떤 나라였을까요?

나라를 세우러 떠난 비류와 온조

삼국의 건국 신화 중 역사와 가장 가까운 게 백제의 건국 신화입니다. 신화라기보다는 나라가 세워질 때의 상황을 사실적으로 그렸기 때문입니다. 모든 건국 신화는 다 신비로운 이야기일 거라고 생각했던 우리로서는 더욱 궁금해질 수밖에 없습니다. 왜 백제의 신화는 단군이나 주몽 신화와는 다른 것일까요?

백제가 세워진 과정을 이해하려면 먼저 유리 왕자가 누구인지 알아야 합니다. 유리 왕자는 고구려를 세운 주몽의 아들이지요. 주몽이 부여를 떠날 때 유리는 엄마 뱃속에 있었습니다. 험난한 도망 길에 임신한 아내를 데리고 갈 수 없었던 주몽은 두 동강 낸 칼의 한쪽을 아내에게 주며 말했습니다.

"아이가 자라거든 이것을 가지고 날 찾아가라고 하시오. 부러진 칼을 맞춰 보면 내 아들이란 걸 알 수 있을 거요."

유리는 자라면서 아버지 주몽을 찾아갈 날만 기다렸습니다. 청년이 된 유리는 온갖 고생을 이겨내고, 드디어 고구려의 왕인 아버지 주몽 앞에 섰습니다. 부러진 두 개의 칼날을 맞춰 본 주몽은 기뻐 눈물을 흘렸습니다.

"오, 네가 바로 내 아들 유리구나!"

주몽은 유리를 태자임금의 자리를 이을 아들로 삼았습니다. 장차 유리에게 고구려를 물려줄 생각이었지요. 하지만 주몽에게는 유리 말고도 비류와 온조 두 아들이 있었습니다. 주몽이 부여를 떠나 졸본 부여에 도착했을 때,아들이 없던 졸본 부여의 왕은 주몽을 사위로 삼아 나라를 물려주고자 했습니다. 결국 주몽은 졸본 부여의 공주와 결혼했고, 비류와 온조를 낳은 것입니다.

유리가 태자가 되자 비류와 온조는 고구려를 떠나기로 결심했습니다. 자신의 나라를 갖고 싶었기 때문이지요. 그들은 신하 10명과 자신들을 따르는 백성들을 데리고 남쪽으로 내려갔습니다. 한강에 도착한 두 왕자는 각자 갈 길을 정하고 헤어졌습니다. 온조는 한강에 남기로 했지만, 형인 비류는 더 나은 곳을 찾겠다며 미추홀**지금의 인천**로 떠났지요.

온조는 한강 근처에 도읍을 정하자는 신하의 말에 따라 그곳에 나라를 세웠습니다. 그러고는 나라 이름을 십제라고 지었지요. 한편 미추홀에 도착한 비류는 크게 후회했습니다. 미추홀은 물이 짜고 땅이 눅눅해 나라를 세울 만한 곳이 못되었기 때문입니다. 크게 상심하던 비류가 병에 걸려 죽고 말자, 백성들은 온조가 다스리는 십제로 되돌아왔습니다.

그 뒤 백성들은 모두 편안하게 살았고, 한강 유역에 터를 잡은 온조의 지혜에 감탄하며 그의 말이라면 즐겁게 따르기로 했습니다. 온조는 나라 이름을 백제로 바꾸고 백성들을 잘 다스려 나갔습니다.

안정된 기틀 위에서 나라를 세운 백제

백제의 건국 신화는 정말 신비로운 내용이 없지요? 하느님도, 곰이나 자라 같은 동물도 나오지 않습니다. 그저 온조가 고구려를 떠나 나라를 세우게 된 과정이 차근차근 그려져 있을 뿐입니다.

왜 백제의 신화는 이렇게 심심할까요? 건국 신화가 신비로운 이야기를 내세우는 까닭을 거꾸로 생각해 보면 비밀이 풀립니다. 즉, 나라를 세운 왕의 힘이 약할수록 신화는 더욱 신비로워질 가능성이 많다는 것이지요. 반대하는 사람들이 많을수록

뭔가 특별한 선택을 받은 사람이라는 걸 내세워야 하기 때문입니다. 그래야 백성들이 인정을 해 주니까요.

하지만 백제는 그럴 필요가 없었습니다. 전쟁이나 별다른 어려움 없이 비교적 평화롭게 나라를 세웠기 때문입니다. 백제라는 이름만 봐도 그 사실을 알 수 있습니다. 백제란 '백성들이 즐겁게 따른다'는 뜻이기 때문이지요. 북쪽에서 내려온 온조 일행은 한강 유역에 살던 부족들과 큰 어려움 없이 힘을 합쳤고, 오래지 않아 우리 역사를 찬란하게 수놓을 강한 나라로 발전했습니다.

부여를 섬긴 백제

백제는 부여를 조상의 나라로 섬기며 많은 문물을 받아들였습니다. 이러한 백제의 노력 덕분에 아직도 전해지고 있는 부여의 흔적이 있습니다. 대표적인 게 바로 부여군이라는 도시의 이름입니다. 충청남도에 있는 부여군은 만주 대륙에 있던 부여의 이름을 그대로 따온 것입니다.

백제를 세운 온조는 자신의 성을 부여씨라고 정했지요. 고구려에 강한 경쟁의식을 느낀 백제는 자신들이 갈라져 나온 고구려 대신 부여를 조상의 나라라 생각했던 것입니다. 백제 26대 임금인 성왕(?~554) 때 웅진**지금의 공주**에서 사비**지금의 부여**로 도읍지를 옮기고 나라 이름을 남부여라고 고친 일도 있지요.

● 익산 미륵사지 석탑
전라북도 익산시 미륵사 터에 있는 백제 무왕 때의 석탑이다. 우리나라 석탑 중 가장 크고 오래된 탑이다.

그때 세계는

- 기원전 58년 로마의 카이사르, 갈리아 정복
- 기원전 55년 이집트에서 반란 일어남
- 기원전 52년 흉노족, 한나라에 조공 요청

기원전 57년 | 신라 건국

아주 복잡했던 신라의 건국 과정

고구려, 백제, 신라 중 가장 늦게 발전한 신라는
그 건국 이야기도 화려합니다. 그만큼 신라가 세워지는 과정이 복잡했고,
왕의 힘이 약했음을 나타내는 것이지요.
알에서 태어난 혁거세 왕의 이야기를 들어 보세요.

알에서 태어나 세상을 비춘 임금

신라의 건국 신화는 우리가 생각하는 신화의 특징을 그대로 갖고 있습니다. 게다가 아주 복잡하기까지 해 등장하는 부족이나 사람들의 이름을 외우기조차 힘들지요. 앞서 이야기한 것처럼 이것 역시 신라가 세워지는 과정이 복잡했고, 왕의 힘 또한 약했음을 의미합니다.

신라를 세운 사람은 박혁거세입니다. 『삼국유사』에는 박혁거세가 어떻게 나라를 세웠는지 자세하게 적혀 있습니다. 신라가 세워지기 전, 지금의 경주평야 부근에는 사로국이라는 나라가 있었습니다. 사로국은 양산촌, 고허촌, 진지촌 등 6개 마을촌로 이루어져 있었지요. 어느 날 6촌 촌장들이 임금을 세우기 위해 회의를 열었습니다. 그런데 회의 도중 높은 곳에서 말 울음소리가 들려왔습니다. 촌장들은 소리가 나는 곳으로 따라가 보았습니다. 그러자 양산 밑 나정이란 우물가에 빛이 나는 하얀 말이 무릎을 꿇고 있는 게 아니겠어요? 촌장들이 다가가자 하얀 말은 하늘로 날아가 버렸고, 말이 있던 자리에는 박처럼 생긴 커다란 알 하나가 놓여 있었지요.

"이게 어찌된 일일까?"

놀랍기도, 신기하기도 했던 촌장들은 알을 쪼개 보았습니다. 그러자 알 속에서 씩씩한 사내아이가 울며 나왔습니다. 촌장들은 동천**동쪽에 있는 냇물, 또는 동쪽에 있는 샘**에서 아이를 목욕시키고, 이름을 붙여 주었습니다. 박처럼 생긴 알에서 나왔다고 하여 박 씨, 알에서 빛이 났다고 하여 혁거세**혹은 불구내**, 박혁거세라는 이름이었지요.

6촌의 촌장들은 혁거세에게 배필**부부가 될 짝**을 찾아 주려 했습니다. 때마침 알영이란 우물가에 닭처럼 생긴 계룡이 나타나, 옆구리로 여자아이를 낳았습니다. 예쁜 얼굴이었지만 입술이 닭부리처럼 흉해 월성의 북쪽 냇물에서 목욕을 시키니 그 부리는 곧 떨어져나갔습니다.

두 아이가 열세 살이 되던 해 남자아이는 왕이, 태어난 우물가의 이름을 딴 알영이란 여자아이는 왕비가 되었습니다. 혁거세는 금성**지금의 경주**에 도읍을 정하고 나라 이름을 서라벌이라 했습니다. 신라의 역사가 시작된 것입니다. 혁거세왕은 나라를 다스린 지 61년 만에 하늘로 올라갔습니다. 그런데 7일이 지나자 몸이 다섯 조각으로 나뉘어 땅으로 떨어졌습니다. 그와 함께 알영 왕비도 눈을 감았지요. 이 둘을 함께 장사 지내려 하자 이무기가 나타나 방해했습니다. 하는 수 없이 사람들은 머리, 팔, 다리 등 다섯 부분으로 나뉜 몸을 따로 장사 지냈습니다. 그래서 혁거세왕의 무덤은 총 다섯 개의 능**임금의 무덤**으로 이루어졌다고 합니다.

늦은 발전이 삼국 통일의 기반이 되다

신라의 건국 신화는 어떤 의미가 있을까요? 먼저 하얀 말이 품은 알이 양산촌에서 발견되었다는 건 양산촌장이 자기 피붙이를 왕으로 올린 것을 의미하지요. 하지만 양산촌장은 나라를 혼자 이끌 만큼 힘이 강하지 못했습니다. 그래서 나머지 촌장들에게도 크고 작은 벼슬을 나눠 줄 수밖에 없었지요. 왕비 알영이 나왔던 우물은 고허촌입니다. 이것은 고허촌에, 두 번째로 힘이 센 왕비 자리를 내주었다는 것을 뜻하지요.

신라는 오랫동안 여러 세력들이 치열하게 다툰 나라였습니다. 신라가 고구려나 백제보다 뒤처졌던 이유도 여기에 있습니다. 강력한 왕을 쉽게 세울 수 없었기에 하나의 나라로 발전하는 데 그만큼 애를 먹을 수밖에 없었던 것입니다. 하지만 이처럼 늦은 발전이 나중에는 삼국 통일을 이룰 수 있는 큰 힘이 되었습니다. 먼저 발전한 고구려나 백제가 점차 힘을 잃을 때 신라는 최고로 발전하는 순간을 맞았기 때문입니다.

하룻밤 마무리

사로국 6촌은 어디일까?

사로국 6촌은 지금의 경주평야 지방에 흩어져 있던 작은 나라였습니다. 이들 6개 촌의 이름과 촌장들의 성은 다음과 같습니다.

※ 알천 양산촌 : 이 씨
※ 돌산 고허촌 : 최 씨(삼국사기) 또는 정 씨(삼국유사)
※ 취산 진치촌 : 정 씨(삼국사기) 또는 최 씨(삼국유사)
※ 무산 대수촌 : 손 씨
※ 금산 가리촌 : 배 씨
※ 명활산 고야촌 : 설 씨

그럼 서라벌이란 무슨 뜻일까요? 바로 '새로운 땅'을 뜻합니다. '새롭다'의 서라와 '땅' 벌이 합쳐진 말이지요. 이 서라벌이 서벌로 변했다가 나중에 서울로 바뀌게 되었습니다.

박혁거세가 세운 신라, 그런데 왜 이후 임금들은 김 씨일까?

● 나정 비석
혁거세왕의 탄생지인 경주 나정에 세워져 있는 비석이다.

신라는 고구려나 백제처럼 고 씨나 부여 씨 등 하나의 성씨를 가진 인물들이 임금이 되지 못했습니다. 박 씨, 석 씨, 김 씨가 돌아가며 임금 자리에 올랐지요. 이를 통해서도 신라에는 강한 권력을 가진 임금이 없었던 것을 알 수 있습니다. 박혁거세, 석탈해, 김알지는 각각 자신들의 성씨를 만든 조상이지요.

처음에는 힘이 센 박 씨와 석 씨가 번갈아 왕위에 올랐지만, 13대 미추왕 때부터는 김 씨가 나라를 다스리기 시작합니다. 그 후 왕들도 김 씨에서 나왔는데, 이를 통해 김 씨 세력이 점차 박 씨, 석 씨를 누르고 강력한 힘을 갖게 되었음을 알 수 있습니다.

그때 세계는

- 기원전 4년 예수 그리스도 탄생
- 25년 후한의 광무제 왕위에 오름
- 54년 로마 황제 네로, 왕위에 오름

42년 | 금관가야 건국

인도 여인과 결혼한 가야 김수로왕

북쪽에서 내려온 사람들과 가락 지역에 살던 사람들은 가야를 세워 찬란한 문화를 만들었습니다. 알에서 태어난 김수로왕이 세운 금관가야에는 어떤 흥미진진한 역사가 숨어 있을까요?

거북아, 거북아 머리를 내놓아라

때는 서기 42년, 아직 나라가 없던 가락 지역**지금의 경상남도 김해 지방**에서 있었던 일입니다. 하루는 가락 지역을 다스리던 아홉 명의 부족장**9간**들이 수백 명의 백성들과 함께 구지봉에 올랐습니다. 그곳에서 사람들은 하늘에 제사를 지내며 노래를 부르고 춤을 추었습니다. 그런데 그 노랫말이 아주 특이합니다.

"거북아, 거북아, 머리를 내놓아라. 그렇지 않으면 구워서 먹으리라."

'대왕맞이' 즉, 자신들을 다스려줄 임금을 맞이하기 위해 사람들은 그렇게 노래를 부르며 춤을 추었던 것입니다. 여기서 '머리'란 임금을 가리키는 말이지요.

그 기도가 통했는지 곧 하늘에서 붉은 보자기에 싸인 금빛 그릇이 내려왔습니다. 그릇 안에는 둥그런 황금알 6개가 들어 있었지요. 그로부터 12일

● **수로왕릉**
금관가야의 시조인 김수로왕의 무덤이다. 경상남도 김해시 서상동에 있다.

이 지나자 잘 생긴 사내아이들이 알에서 태어났습니다. 그중 가장 키 크고 제일 먼저 사람으로 변한 아이가 있었습니다. 9간들은 그 아이에게 '수로'라는 이름과 금빛 알에서 태어났다고 하여 '김(金)' 씨 성을 붙여 주었지요.

가락의 백성들은 모두 김수로를 임금으로 받들었습니다. 이렇게 하여 김수로왕은 금관가야를 세우고 나라를 다스렸지요. 나머지 알에서 태어난 5명의 아이들도 각각 5개 가야의 임금이 되었습니다. 이것이 고려 때 일연 스님이 지은 『삼국유사』에 나오는 가야의 건국 신화입니다.

하늘에서 내려온 알, 그 알에서 태어난 임금들. 우리가 이제껏 알아본 다른 건국 신화들과 비슷하지요? 그렇습니다. 가야 역시 발전된 문화를 가지고 북쪽에서 내려온 사람들과 원래부터 가락 지역에 살던 사람들이 힘을 합쳐 세운 나라입니다. 알에서 태어난 아이들은 발전된 문화를 갖고 북쪽에서 내려온 부족을 가리킵니다. 임금을 내려달라고 하늘에 기도했던 9간들과 백성은 오랫동안 가락 지역에서 살던 부족들을 말하지요.

검은 피부의 소녀

가야 역사가 더욱 신비롭게 느껴지는 건 김수로왕의 부인 허황옥 때문입니다. 일연은 『삼국유사』에서 허황옥이 가야의 왕비가 된 사연을 이렇게 전하고 있습니다.

김수로왕이 금관가야를 세운 지 6년 뒤, 김해 앞바다에 한 척의 배가 나타났습니다. 위태롭게 표류하던 이 배는 간신히 뭍**육지**에 닿았지요. 그런데 놀랍게도 배 안에는 검은 피부를 가진 아리따운 인도의 공주가 타고 있었습니다. 가야 사람들은 이상하게 생긴 이 공주를 하늘이 보내준 임금의 배필이라고 생각했습니다. 김수로왕은 그녀를 궁궐로 데려와 왕비로 삼았지

요. 이때부터 이 여인을 허황옥이라 불렀던 것입니다.

정말 놀라운 일이 아닌가요? 항해술이 발달하지 않았던 그 옛날 어떻게 인도 공주가 한반도 남쪽까지 찾아오게 됐을까요? 이 공주는 무슨 사연으로 고향을 떠나 머나먼 나라로 왔을까요?

『삼국유사』에서는 허황옥의 고향이 인도의 아유타국이라고 전하고 있습니다. 하지만 이름만으로는 그곳이 어디인지를 알 수 없었기에, 심지어 허황옥이 인도 공주라는 이야기조차 믿지 못하는 사람들이 나타났습니다.

하지만 한 학자의 끈질긴 노력 끝에 아유타국의 신비는 서서히 밝혀지고 있습니다. 고고학을 연구하던 김병모 교수가 30년 동안 아유타국을 추적한 끝에 그곳이 인도의 갠지스 강 중류에 있던 '아요디아' 라는 사실을 알아낸 것입니다. 당시 인도 사람들은 '아요디아' 를 '아요다' 로 불렀다고 합니다. 이 '아요디아' 혹은 '아요다' 를 중국 글자로 기록하면서 '아유타' 로 알려지게 되었다는 것이지요.

1세기 중반, 아유타국은 큰 어려움을 겪었습니다. 북쪽에 살던 월지족**중국의 전국 시대부터 중앙아시아에서 활약하던 민족**이 침략해 온 것입니다. 아유타국의

● **파사 석탑**

『삼국유사』에는 김수로왕의 비 허황옥이 아유타국에서 바다를 건너올 때 바다의 노여움을 잠재우려고 이 석탑을 싣고 왔다고 기록돼 있다.

왕족들은 나라를 등지고 중국의 사천 지방으로 피난했습니다. 하지만 그곳도 안전한 곳은 아니었지요. 서기 47년 그곳에서도 큰 반란이 일어나 그들은 다시 배를 타고 떠나야 했던 것입니다. 허황옥과 그녀의 오빠, 20여 명의 신하들을 태운 배는 서해 바다로 나왔고, 긴 항해 끝에 김해 지방에 도착했습니다.

허황옥이 인도에서 왔을 가능성이 높다는 사실은 가야 왕족의 유골**무덤이나 다른 장소에서 발견된 옛 사람들의 뼈**을 통해서도 드러납니다. 이 유골의 DNA**유전자**가 머나먼 남쪽 지방에서 왔다는 것이 드러나고 있기 때문입니다. 가야 왕족의 몸속에는 진짜 인도 공주 허황옥의 피가 흐르고 있었던 것일까요?

하룻밤 마무리

가야 문화와 아요디아(아유타) 문화는 얼마나 비슷할까?

허황옥은 아요디아 문화를 가야에 전하기도 했습니다. 대표적인 것이 쌍어를 섬긴 인도 불교의 풍습입니다. 쌍어란 쌍둥이처럼 생긴 물고기 두 마리가 서로 마주보고 있다 해서 붙여진 이름이지요. 아직까지도 아요디아 지방 사람들은 이 물고기들이 자신들의 생명을 보호해 준다고 믿는답니다.

그런데 가야 사람들도 쌍어를 신령스럽게 여겼습니다. 그래서 왕의 무덤이나 큰 절을 지을 때 쌍어의 모습을 건물에 새기곤 했습니다. 지금 남아 있는 김수로왕릉 정문에 쌍어가 새겨져 있는 것도 그 때문입니다. 또 허황옥의 오빠인 장유화상이 지었다는 김해 신어산의 은하사 대웅전에도 이 쌍어가 그려져 있지요. 물론 이 쌍어는 후대 사람들이 그려 넣은 작품일뿐이라는 반대 의견도 만만치는 않습니다. 그래도 가야의 쌍어와 남쪽 나라 문화가 묘하게 어울리는 느낌이 드는 건 왜 일까요?

드물게 언어학자들 중에는 '가락'이라는 말 자체가 '물고기'를 뜻하는 아요디아의 말이라고 하는 이들도 있습니다.

인도 공주 허황옥은 최고 할머니

신라의 박혁거세가 박 씨의 시조**최초로 성씨를 만든 할아버지**인 것처럼 가야를 세운 김수로왕도 김해 김 씨의 시조입니다. 또 허황옥은 김해 김 씨와 김해 허 씨의 최고 할머니지요. 『삼국유사』는 김해 허씨의 탄생을 이렇게 전하고 있습니다.

> 김수로왕과 허황옥은 오랫동안 사이좋게 살며 10명의 아들과 2명의 딸을 두었다.
> 김수로왕과 허황옥은 이들 중 둘째와 셋째에게 허 씨 성을 붙여 주었다.

바로 이들이 김해 허 씨의 조상이 되었습니다. 그래서 김해 김 씨와 허 씨는 성은 다르지만 한 가족과 다름없다고들 합니다. 이들은 요즘도 김수로왕과 허황옥의 제사를 함께 지낸다고 하지요. 뿐만 아니라 허황옥의 고향인 아요디아에 '가락 공원'을 만들고, 김해시에는 '아유타 거리'를 만들어 조상들을 기리고 있습니다.

그때 세계는

- 105년: 후한의 채륜, 종이 발명
- 220년: 중국, 조조·유비·손권의 삼국 시대로 접어듦
- 313년: 로마에서 그리스도교 인정
- 375년: 동쪽에서 쳐들어온 훈족에 의해 게르만족이 서쪽으로 이동
- 395년: 로마, 동로마와 서로마로 나뉨

391년~412년 | 우리 역사의 영웅, 광개토 대왕

진격하라, 광개토 대왕!

광개토 대왕은 타고난 기개가 뛰어나고
남에게 지는 걸 싫어한 강인한 인물이었다고 합니다.
싸우는 전투마다 엄청난 승리를 거둔
광개토 대왕이 살았던 고구려로 떠나 보세요.

대제국을 건설한 우리 역사의 태양

한글을 창제한 세종 대왕, 조선 시대 대학자 정약용, 우리나라 과학 기술의 기틀을 마련한 장영실……. 우리 역사 속에는 위대한 인물이 너무도 많지요. 하지만 이들 중 첫 손가락에 꼽을 만한 인물이라면, 아마도 광개토 대왕 아닐까요. 실제 오랫동안 역사를 연구해 온 학자들 중에는 우리 역사를 움직인 100명의 위인 중 광개토 대왕을 1등으로 꼽는 이들이 많습니다.

『삼국사기』에서는 광개토 대왕을 '타고난 기개가 뛰어나고 남에게 지는 걸 싫어했던 강인한 인물'이라고 설명하고 있습니다. 이렇듯 광개토 대왕은 강인한 성품을 바탕으로 우리 역사상 가장 넓은 영토를 개척했습니다. 광개토 대왕이란 이름도 '넓은 땅을 개척했다'는 뜻에서 사후에 붙여진 이름이지요.

광개토 대왕은 고구려 서북쪽에 있는 거란을 공격해 500명을 포로로 잡아 오고, 잡혀 있던 고구려 주민 1만 명을 구출했습니다. 또 만주 지방 동쪽과 러시아 부근에 살고 있던 숙신을 공격해, 고구려를 괴롭히던 그들의 콧대를 꺾어 놓았습니다. 지금의 목단강 부근에 있었던 동부여를 정복해 64개의 성과 1,400여 개 촌락을 차지한 적도 있습니다.

고구려는 중국 요동**랴오둥** 지방에 있던 후연이란 나라와 오랫동안 전쟁을 벌였습니다. 원래 후연은 고구려와 사이가 좋았습니다. 하지만 광개토 대왕이 백제와 싸우는 틈을 타, 후연은 700여 리에 이르는 고구려 땅을 빼앗았습니다. 광개토 대왕은 후연과 네 차례에 걸친 전투를 벌여 이들을 물리쳤고, 드넓은 요동 반도를 완전히 고구려 영토로 만들었지요. 그뿐만이 아닙니다. 광개토 대왕은 백제를 꺾고 한반도 안에서도 영토를 넓혔습니다. 또 군사들을 보내 오랫동안 신라를 괴롭힌 왜구들을 혼내 주기도 했지요. 싸우는 전투마다 엄청난 승리를 거두자 중국과 주변의 오랑캐들은 광개토

대왕의 이름만 듣고도 벌벌 떨었습니다.

광개토 대왕이 임금으로 있는 22년 동안 정복한 땅은 얼마나 될까요? 서북쪽으로는 심양을 넘어 몽고 땅까지, 북쪽으로는 송화강 언저리의 넓은 평야, 동북쪽으로는 블라디보스토크, 서쪽으로는 요동 반도……. 이 무렵 고구려 영토는 정말이지 끝이 보이지 않을 정도였습니다.

고구려가 세상의 중심이다!

광개토 대왕이 이처럼 넓은 영토를 정복할 수 있었던 이유는 크게 세 가지로 말할 수 있습니다.

우선 앞서 나라를 다스린 왕들이 국력을 크게 길러 놓았다는 점을 들 수 있습니다. 광개토 대왕의 큰아버지 소수림왕은 불교를 받아들여 고구려 국민들의 마음을 하나로 모았습니다. 또 나라의 기틀을 새로 마련하고 태학이라는 교육 기관을 세워 왕에게 충성하는 신하들을 많이 길러냈지요. 광개토 대왕은 소수림왕의 업적을 바탕으로 왕실의 힘을 더 기를 수 있었습니다.

고구려는 원래 5개 부족이 연합해 하나의 나라를 이루고 있었습니다. 광개토 대왕은 5개 부족의 힘을 누르고 대신 왕권을 강력하게 만들었지요. 왕의 힘이 강해진다는 건 곧 마음껏 부릴 수 있는 군대를 가지게 됐다는 걸 뜻하기도 합니다. 광개토 대왕은 자기에게 충성을 바치는 강한 군대를 바탕으로 수많은 정복 전쟁에 나설 수 있었던 것이지요.

또한 광개토 대왕은 뛰어난 전쟁 기술을 가지고 있었습니다. 백제와 전쟁을 할 때는 육군과 해군을 진두 지휘해 백제군을 물리쳤습니다. 후연과 전쟁을 할 때는 성을 굳게 방어하면서 성 밖의 식량을 없애는 방법으로 대승리를 거두기도 했지요.

그렇지만 광개토 대왕의 업적은 '세상의 중심은 고구려'라는 씩씩한 기상을 빼놓고는 말할 수 없습니다. 고구려 사람들은 자신들이 천제의 자손이라는 자부심이 무척 강했습니다. 그래서 다른 민족들과 달리, 커다란 나라 중국에 한 번도 무릎 꿇지 않았습니다.

광개토 대왕이 죽은 뒤 세운 비석에 새겨 있는 글을 보면 잘 알 수 있습니다. '광개토 대왕비'라 불리는 이 비석에는 광개토 대왕을 '태왕'이라 부르고 있습니다. 태왕이란 '왕 중의 왕', '모든 왕 중의 으뜸'이란 뜻이지요.

● **충주 고구려비**

우리나라에 유일하게 남아 있는 고구려비로 고구려 영토의 경계가 표시되어 있다.

중국의 왕들은 황제라 불렸고, 황제 자신이 세상의 으뜸이라고 생각했습니다. 하지만 고구려 사람들의 생각은 달랐습니다. 중국이 아니라 바로 고구려가 세상의 중심이며, 고구려 왕이 모든 왕 중의 으뜸이라고 생각했던 것입니다. 이처럼 용맹한 고구려 사람들의 기상이 대제국을 건설한 밑바탕이 되었습니다.

하룻밤 마무리

고대 역사의 비밀을 품고 있는 광개토 대왕릉비

중국 지린성 지안현 퉁거우에 가면 거대한 비석 하나가 눈에 띕니다. 높이는 6.93미터에 이르고 너비 1.5미터인 호태왕비, 즉 광개토 대왕릉비지요. 이 비석은 광개토 대왕의 아들 장수왕이 세웠습니다. 비석에는 광개토 대왕의 업적을 담은 1,775자의 글자가 새겨져 있지요. 이 비문**비석에 새겨 있는 글**에는 광개토 대왕의 활약뿐만 아니라 당시 삼국의 상황과 일본과의 관계를 알려 주는 귀중한 내용들이 담겨 있습니다.

그런데 안타깝게도 세월이 너무 흘러 이 비문에는 알아볼 수 없는 글자들이 몇 개 있습니다. 사라진 글자 때문에 한국과 일본은 지금 한바탕 역사 전쟁을 치르고 있는 중입니다. 이들 글자에 대해 두 나라가 전혀 다른 주장을 펼치고 있기 때문입니다.

일본이 주장하는 내용은, '왜**일본**가 바다를 건너와서 백제와 신라를 공격해 신하로 삼았다' 는 것입니다. 일본이 한때 한반도 남쪽 지방을 지배했다는 주장은 이 문장을 바탕으로 나온 것이지요. 우리의 주장은 다릅니다. '왜가 바다를 건너와 신라를 공격했기 때문에 고구려가 왜와 그들을 돕던 백제를 공격해 물리치고 신라를 구했다'는 것입니다. 진실은 과연 어디에 있는 것일까요?

그때 세계는

- 316년 중국, 5호 16국 시대로 접어듦
- 476년 서로마 제국 멸망
- 486년 게르만족의 한 갈래인 프랑크족, 프랑크 왕국 건설

284년~552년 | 활발한 무역을 벌인 강대국 백제

고요하지만 강한 나라, 백제

한반도 서남쪽의 드넓은 평야에 자리한 백제는 풍부한 물자를 바탕으로 활발하게 무역을 하던 강대국이었습니다. 고구려와 신라는 물론, 중국, 일본과 무역을 해 강한 힘을 길렀지요.

알고 보면 엄청난 힘을 가지고 있었던 백제

우리는 고구려를 만주 벌판을 지배한 거대한 나라로, 신라는 삼국을 통일한 나라로 기억합니다. 하지만 백제는 선뜻 떠오르는 이미지가 없습니다. 백제는 역사 속에 뚜렷한 발자취를 남기지 못했습니다. 고구려의 침략을 받아 늘 쫓겨야 했고, 결국에는 신라와 싸워 멸망했으니까요. 나라가 망했으니, 신라처럼 많은 문화유산을 남기지도 못했습니다.

하지만 백제 역사를 곰곰이 살펴보면 그렇지 않다는 걸 알 수 있습니다. 한반도 서남쪽의 드넓은 평야에 자리 잡은 백제는 풍부한 물자를 바탕으로 활발하게 무역을 하던 강대국이었습니다. 고구려와 신라는 물론, 중국, 일본과 무역을 해 강한 힘을 길렀지요. 한때는 고구려 왕을 죽일 정도로 막강한 힘을 갖기도 했습니다.

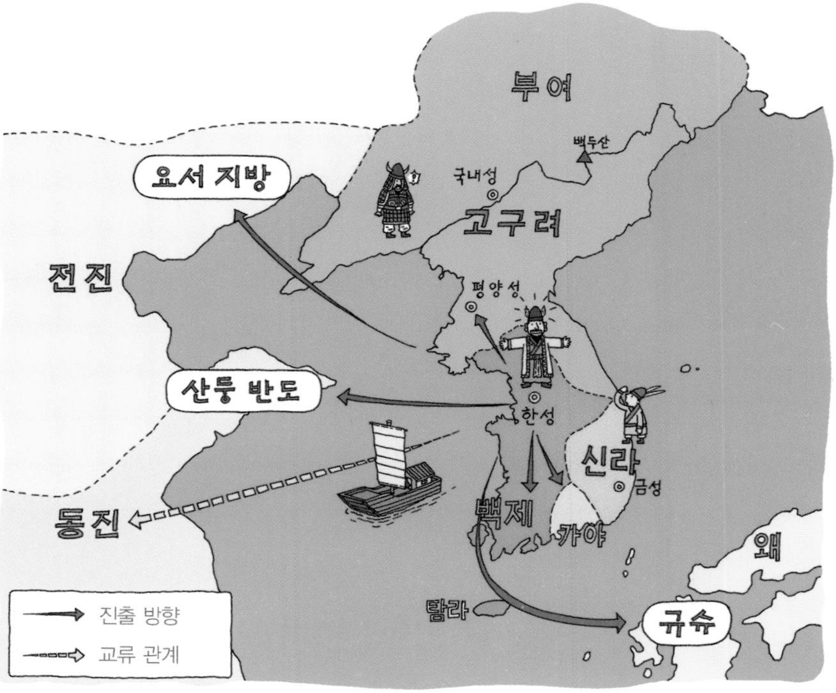

1

2

3

4

6

5

- 석수 1
- 금제관장식 2
- 흑유병 3
- 오수전 4
- 묘지석 5
- 동제수저 6

백제 무령왕릉에서 발견된 유물이다.

이처럼 백제가 힘을 기르는 동안 중국은 큰 혼란에 빠져 있었습니다. 중국 사람들은 북쪽 지방을 선비족*에게 내준 채 남쪽으로 쫓겨 와 있었고, 거기서도 여러 나라로 갈라져 서로 싸우는 상황이었지요. 백제는 이런 혼란을 틈타 중국의 해안 지방에 백제 영토를 마련하고, 그 영토를 백제군 또는 진평현이라 불렀습니다. 백제는 이곳을

***선비족**
고대 남만주에서 몽골 지방에 걸쳐 산 유목 민족을 말한다. 중국에 자주 침입하여 중국을 압박하기도 했다.

중심으로 '백제 · 중국 · 일본'을 잇는 무역을 활발하게 벌여 나갔습니다.

그런데 요즘 들어 백제가 중국에 마련했던 영토가 단순히 무역을 위한 영토가 아니라는 새로운 주장이 제기됐습니다. 일제 때 일본이 우리나라를 지배했던 것처럼 백제도 이들 땅을 식민지로 거느리고 있었다는 것이지요. 더구나 이런 이야기는 대부분 중국 역사책에 실려 있습니다.

중국 역사책인 『송서』에는 '백제는 원래 고구려와 함께 요동**랴오둥** 동쪽 1,000리에 있었다. 그 후 고구려가 요동을 점령하자 백제는 요서**랴오서**를 공격해 점령했다. 백제가 다스리던 곳은 진평군 진평현이다'라고 적혀 있습니다. 백제가 거대한 중국 땅을 자신의 영토로 가졌다는 이야기입니다.

물론 이 내용이 사실인지 아닌지는 아직 정확하게 밝혀지지 않았습니다. 단지, 작은 나라 백제가 중국에 영향을 미칠 만큼 엄청난 힘을 갖고 있었다는 사실만큼은 확실히 알 수 있지요.

일본의 천황도 백제 후손?

백제의 힘은 일본에도 미쳤습니다. 백제가 없었다면 일본은 아마도 지금과 같은 발전을 이루지 못했을 것입니다. 백제가 전해 준 기술과 문화가 일본이 발전하는 데 큰 도움을 주었기 때문입니다. 비단 기술과 문화뿐만이 아닙니다. 백제는 많은 왕족들을 일본에 보냈고, 이들은 일본 천황의 자리에 오르기도 했습니다.

지난 2002년 일본의 아키히토 천황은, 간무 천황의 어머니가 백제 무령왕의 자손이라 생각한다고 말했습니다. 일본 황실의 핏줄을 거슬러 올라가면 백제와 뿌리가 닿아 있다는 이야기입니다. 그는 천황의 어머니가 백제 출신이라고 말했지만 우리나라 학자들의 연구는 다릅니다. 천황의 어머니

뿐 아니라 천황 자신도 백제인인 경우가 많다는 거지요. 4~5세기에 일본을 다스렸던 오진 천황과 닌토쿠 천황, 6세기의 게이타이 천황, 그 뒤로 7세기까지 백제 왕족들은 일본 천황 자리에 오른 이가 많았다고 합니다.

물론 그렇다고 해서 일본 천황이 한국인이라는 건 아닙니다. 다만 이를 통해 백제의 강력한 힘이 주변 국가들에 엄청난 영향을 주었다는 사실을 알 수 있다는 이야기이지요.

***노리사치계**

백제 사람으로, 달솔이라는 높은 벼슬을 지냈으며 스님이기도 했다. 552년(성왕 30년) 10월, 왕의 명령으로 금동 석가모니 불상과 미륵 석불, 불경 몇 권을 일본에 전했다.

백제는 많은 사람들을 일본으로 보내 선진 문화와 기술을 전파했습니다. 일본에 불교를 전해 준 것도 백제입니다. 백제 성왕이 보낸 노리사치계*가 불상과 경전을 일본에 전했고, 577년(위덕왕 24년)에는 불상 만드는 기술자 · 절 건축자 · 금속 공예사 · 기와 굽는 기술자 등 많은 사람들이 일본에 갔습니다. 이보다 한참 전인 284년 무렵에도 아직기와 왕인을 보내 『논어』, 『천자문』을 일본에 전해 주었지요. 책 말고도 의학 · 역학 · 천문 · 지리 등 백제가 전한 선진 문화는 끝이 없을 정도입니다.

하룻밤 마무리

고구려·백제·신라 문화는 어떻게 다를까?

고구려, 백제, 신라는 모두 우리 민족이 세운 나라입니다. 하지만 영토가 다르고 나라가 처한 상황이 변하면서 각 나라의 문화도 점차 달라졌습니다.

고구려 문화는 한마디로 넘치는 힘과 씩씩한 기백이라 표현할 수 있습니다. 드넓은 만주 벌판에서 늘 외적과 맞서 싸워야 했기 때문에 용기와 활달한 기상을 가지게 된 것이지요. 하지만 모든 백성이 춤과 노래를 즐긴 것을 보면 낙천적인 면도 함께 지니고 있었음에 틀림없습니다.

고구려에서 갈라져 나온 백제는 고구려의 영향을 많이 받았습니다. 하지만 백제 문화는 고구려보다는 훨씬 부드럽고 여유가 있습니다. 이것은 백제 사람들이 기름진 평야 지대에서 풍족하게 살며, 일찍부터 중국과 무역을 해 발달한 문화를 받아들였기 때문입니다. 그래서 백제 문화는 거칠고 힘이 넘치는 대신 아주 세련되고 조화를 중요하게 여기는 특징을 가졌지요.

신라는 자신만의 독특한 문화 속에 고구려 · 백제의 문화를 합쳐 민족 문화의 바탕을 마련했습니다. 여기에 당나라의 발달한 문화를 받아들여 오늘날까지 남아 있는 수많은 민족 문화의 걸작품들을 만들어냈지요. 불국사, 석굴암, 다보탑, 석가탑 등 신라가 남긴 문화는 손꼽을 수 없을 만큼 많습니다.

● **불국사 다보탑** 통일 신라 시대 석탑이다.

● **서산 마애 삼존 불상** 백제 후기 불상이다.

- 500년 인도에서 힌두교 탄생
- 529년 로마에서 대법전 『유스티니아누스 법전』 편찬
- 552년 중앙아시아에 살던 돌궐족, 대제국 세움

527년 | 불교를 받아들인 신라

이차돈이 하얀 피를 흘리며 죽은 이유

신라 사람들은 불교가 들어오는 것을 극심히 반대했습니다.
그러나 부처님의 가르침을 따르던 이차돈이 죽은 뒤 사람들은
너도나도 불교를 믿고 절을 짓는 데 돈을 바쳤지요.
이차돈의 죽음과 신라의 불교 사이에는
어떤 비밀이 있는 걸까요?

법흥왕과 이차돈의 비밀 작전

지금은 전국 방방곡곡에 수많은 절이 있을 만큼 불교가 널리 퍼져 있습니다. 하지만 신라가 불교를 받아들일 때에는 그렇지 않았습니다. 너무나 많은 사람들이 반대해 절을 지을 수조차 없었지요. 그러나 부처님의 가르침을 따르던 이차돈이 죽은 뒤에는 달라졌습니다. 너도나도 부처님의 가르침을 따르려 하고, 절을 짓는 데 돈을 바쳤기 때문입니다.

대체 이차돈이 어떻게 죽었기에 그렇게 된 것일까요? 그전에, 이차돈은 무엇 때문에 죽은 것일까요? 이차돈의 죽음과 신라에 불교가 들어온 과정 뒤에는 큰 비밀이 숨어 있습니다.

법흥왕은 탄식했습니다.

"아아, 나는 부처를 믿고 불교에 뜻을 두고 있건만 아무도 그것을 헤아려 주지 않는구나. 누가 나와 함께 불교를 널리 퍼뜨릴 수 있을까!"

큰 힘을 가진 왕이 불교를 퍼뜨릴 수 없어서 고민이라니 무슨 이야기일까요? 법흥왕은 부처에 대한 믿음이 깊었습니다. 많은 절을 짓고 불교를 일으키고 싶어했지요. 하지만 귀족들은 왕의 뜻을 따르려 하지 않았습니다.

고구려가 372년에, 백제는 384년에 불교를 받아들인 데 반해, 신라는 약 150년이나 늦은 527년에 불교를 들여왔습니다. 고구려, 백제에 불교가 들어왔을 때 신라에도 당연히 불교가 전해졌을 것입니다. 하지만 귀족들의 극심한 반대로 신라에는 불교가 뿌리를 내리지 못했습니다. 이것이 못마땅했던 법흥왕은 신하들을 모아 놓고 그렇게 탄식했던 것입니다.

대신들은 머리를 수그린 채 아무 대답도 하지 않았습니다. 단, 스물두 살 이차돈만은 달랐습니다. 그도 법흥왕처럼 부처를 믿었기에 왕을 찾아가 말했습니다.

"나라와 임금을 위해 목숨을 바치는 건 신하로서 도리입니다. 천경림에

절을 지으십시오. 신하들이 반대하고 나서면, 이차돈이 거짓으로 왕의 명령을 전했다고 하시고 제 목을 베십시오. 그러면 온 나라에 부처님 은혜가 가득해지고 임금께서도 뜻을 이루실 겁니다."

물론 법흥왕은 반대했습니다. 부처를 따르자고 죄도 없는 사람을 죽일 수는 없으니까요. 하지만 이차돈은 뜻을 굽혔습니다. 결국 법흥왕도 이차돈의 말을 따르기로 했지요. 이렇게 하여 두 사람만의 비밀 작전이 세워지게 된 것입니다.

다음날부터 이차돈은 절을 짓기 위해 공사를 시작했습니다. 예상대로 귀족들은 거세게 반대했지요. 법흥왕은 약속대로 이차돈을 옥에 가뒀고, 거짓으로 왕의 명령을 전한 죄로 이차돈의 목을 베라 명했습니다. 사형장으로 끌려간 이차돈은 소리쳤습니다.

"부처님이 계시다면 내가 죽은 뒤 반드시 기적이 일어날 것이다!"

이차돈의 목을 베자 정말 놀라운 일이 벌어졌습니다. 갑자기 세상이 어두워지고 하늘에서 꽃이 떨어지더니 이차돈의 목에서 하얀 피가 마구 솟구치는 것입니다. 귀족들은 모두 무릎을 꿇고 자신들의 어리석음을 뉘우쳤습니다. 그러고는 평생 부처님의 뜻을 따르며 살 것을 다짐했습니다. 불교가 신라의 종교로 받아들여졌음은 물론입니다.

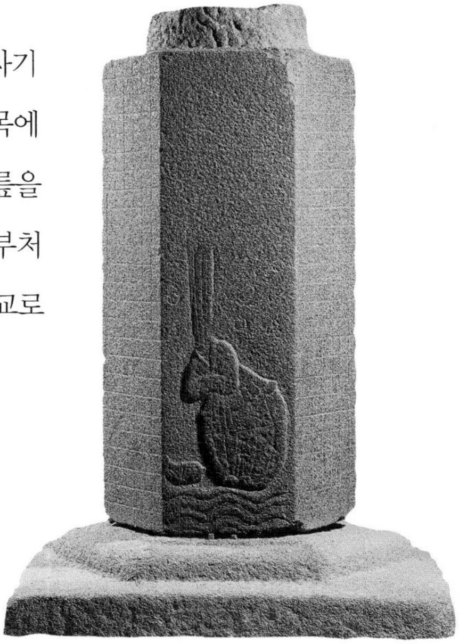

● **이차돈 순교비**

불교를 제창하다 순교한 이차돈을 기념하기 위해 세운 비석이다.

불교에 목숨을 바쳐야 했던 이유

이 사건이 있기 전 법흥왕은 금관가야를 정복해 영토를 넓히는 등 나라를 잘 다스렸습니다. 이렇게 많은 업적을 쌓은 왕이 불교 하나 받아들이는 데 비밀 작전까지 벌여야 했던 이유는 무엇일까요?

왕의 힘이 커지고는 있었지만 아직 귀족들을 누를 만큼 강하지는 않았기 때문입니다. 당시 신라는 12개의 작은 나라들이 모여 국가를 이룬 형태였습니다. 중요한 나랏일은 왕이 아니라 귀족들의 회의인 화백회의에서 결정하는 경우가 많았습니다. 또 신라에는 골품제라는 신분 제도가 있었습니다. 골품제는 직접 왕이 될 수 있는 성골, 왕족이지만 왕이 될 자격이 없는 진골, 왕족은 아니지만 벼슬길에 오를 수 있는 육두품 등의 귀족으로 이루어져 있었습니다. 이들은 자식에게 신분을 물려주며 대대로 엄청난 권세를 자랑했지요.

법흥왕은 이들의 힘을 누르기 위해서 불교를 퍼뜨리려 했던 것입니다. 대체 불교와 귀족들이 어떤 관계길래 그랬을까요? 바로 불교가 귀족의 지위를 크게 위협하는 종교였기 때문입니다.

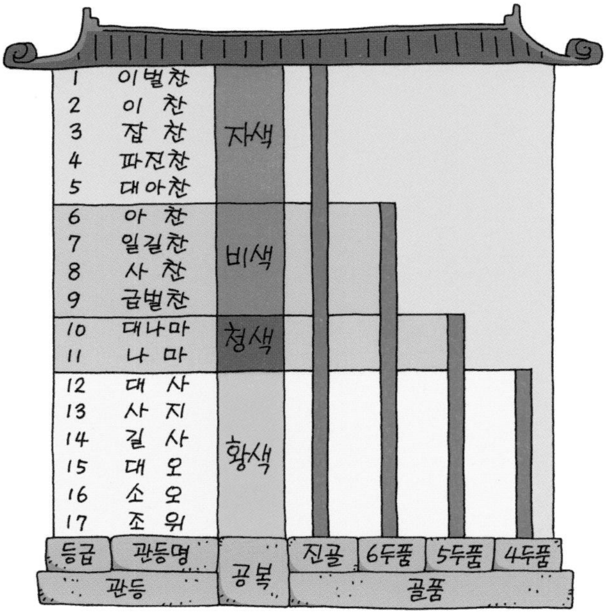

▲ 신라의 골품제와 관등표로, 신분에 따라 오를 수 있는 관직이 달랐다.

그 무렵 귀족들이 믿던 종교에 따르면, 그들은 하늘의 선택을 받아 귀족이 된 것입니다. 하지만 불교는 이 세상에서 착한 일을 많이 하면 다음 세상에 고귀한 사람으로 다시 태어날 수 있다고 가르칩니다. 결국 한번 귀족이 영원한 귀족은 아니라는 이야기지요. 즉, 불교를 들여온다면 왕의 힘으로 충분히 귀족을 누를 수 있었던 것입니다.

또 신라 백성들은 모든 것을 독차지한 귀족들을 미워했습니다. 왕의 권위를 높이기 위해서는 백성들 사이에 불교를 널리 퍼뜨려 임금과 백성의 마음을 한데 모아야 할 필요도 있었던 것입니다. 따라서 이차돈의 죽음은 불교뿐만 아니라 신라가 발전하는 데도 주춧돌이 되었습니다.

무당을 믿은 사람들

요즘도 집안에 큰일이 생기거나 앞으로 벌어질 일을 알고 싶을 때 무당을 찾아가는 사람들이 있습니다. 굿을 하거나 점을 치기 위해서지요. 신라 사람들이 믿던 종교도 이와 같았습니다. 세상에는 수많은 귀신들이 있어서 그들이 사람들의 행복과 불행을 정해 준다고 믿었지요. 그래서 신라 사람들은 흉년과 질병처럼 나쁜 일이 생길 때마다 무당을 찾아갔습니다. 무당이 귀신과 사람을 연결시켜 주는 신비한 능력이 있다고 생각했기 때문입니다. 이차돈이 절을 지었던 천경림은 바로 귀신에게 제사를 지내던 곳이었습니다. 당시 무당을 믿던 귀족들이 거세게 반대한 것도 당연한 일이었지요.

스님이 된 왕

법흥왕은 이차돈이 죽은 527년, 불교를 신라의 종교로 정했습니다. 2년 뒤인 529년에는 부처님의 가르침에 따라 생명 있는 것을 함부로 죽이지 못하도록 명령을 내렸지요.

법흥왕은 이차돈이 죽은 지 7년째 되던 해에 이차돈이 이루지 못한 꿈을 이루었습니다. 천경림에 신라 최초의 절인 흥륜사를 세운 것입니다. 이처럼 불교를 널리 퍼뜨린 법흥왕은 왕위를 진흥왕에게 물려주고 법공 스님이 되었습니다. 스님으로 남은 생애를 살다가 540년에 세상을 떠났지요.

● **법흥왕릉**
경상북도 경주시에 있는 신라 제23대 법흥왕의 능이라고 전해 오는 고분이다.

● **흥륜사지**
경상북도 경주시에 있는 흥륜사의 터다.

그때 세계는

- 44년 — 지금의 영국 땅인 브리타니아가 로마의 영토가 됨
- 320년 — 인도 굽타 왕조 시작
- 452년 — 훈족, 이탈리아 침입
- 476년 — 서로마 제국 멸망
- 579년 — 이슬람교 창시자 마호메트 태어남

42년~562년 | 가야 역사

우리가 잊은 나라, 가야

가야는 4세기까지만 해도 신라와 비슷하거나 더 강한 국력을 자랑하고 있었습니다. 만약 가야가 더욱 발전했다면 우리 역사는 삼국 시대가 아니라 사국 시대를 맞았을지도 모릅니다. 그렇다면 가야는 어떻게 탄생했고, 또 어떻게 멸망했을까요?

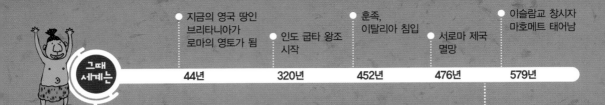

한때는 신라보다 강했던 가야

우리는 고구려, 백제, 신라의 역사에 대해서는 잘 알고 있지만 가야의 역사에 대해서는 잘 알지 못합니다. 경상도와 전라도 지방에 위치했던 가야는 무려 600년 가까이나 우리 역사 속에 존재했는데도 말이지요.

우리는 잘 모르지만, 가야도 한때는 강한 힘을 가진 나라였습니다. 기름진 영토와 철 생산지로 이름 높았던 가야는 무역을 통해 많은 부를 쌓았습니다. 오늘날에도 옛 가야의 영토에서는 철로 만들어진 갑옷과 무기들이 발견되곤 합니다. 가야가 강한 군대를 가

● **고배 굽다리 접시 1**
삼국 시대 널리 이용한 제사용 그릇의 하나다. 김해 · 경주 등지에서 많이 발견된다.

● **노형 기대 2**
화로 모양을 한 그릇 받침이다.

● **판갑옷 3**
가야의 병사들이 입었던 것으로, 넓은 철판을 연결하여 만들었다.

3

1

2

지고 있었다는 사실도 알려졌지요.

실제로 가야는 4세기까지만 해도 신라와 비슷하거나 더 강한 국력을 자랑했지요. 만약 가야가 더욱 발전했다면 우리 역사는 삼국 시대가 아니라 사국 시대를 맞았을지도 모릅니다. 그렇다면 가야는 어떻게 탄생했고, 또 어떻게 멸망의 길을 걸었을까요?

왜 가야는 역사 속으로 사라졌을까?

한반도 남쪽에는 오래 전부터 많은 사람들이 살았습니다. 그런데 기원전 2세기 고조선이 멸망하자 많은 백성들이 이곳으로 내려왔지요. 이들은 원래 이곳에 살던 사람들과 힘을 합쳐 새로운 사회를 이루었습니다. 마한 · 진한 · 변한이라는 연맹체**여러 나라가 하나로 모여 돕고 살던 국가 형태**가 나타난 것이지요.

지금의 경기도 · 충청도 · 전라도 지방에서 발전한 마한은 나중에 백제와 하나가 되었습니다. 대구 · 경주 지역을 중심으로 한 진한은 신라가 된 사로국으로 발전했지요. 김해 · 마산 지역을 중심으로 한 변한도 가야 연명체로 발전했습니다.

우리가 가야라고 부르는 나라는 이 가야 연맹체를 말합니다. 연맹체란 이름에서도 알 수 있듯이 가야 안에는 대가야**경상북도 고령**, 금관가야**경상남도 김해**, 고령가야**경상남도 진주**, 아라가야**경상남도 함안**, 소가야**경상남도 고성**, 성산가야**경상북도 성주** 등 10여 개의 나라가

있습니다.

가야가 신라나 백제처럼 강한 나라가 되지 못한 건 바로 정치 제도 때문입니다. 강력한 힘을 가진 왕이 없었기 때문에 가야는 하나의 나라로 발전할 수 없었습니다. 그래서 가야는 주변의 강대국들과 힘껏 맞서 싸울 수 없었지요.

고구려 광개토 대왕은 5만 명의 병사들을 보내 임나가야와 아라가야를 공격했습니다. 가야는 고구려군의 침략에 힘 한번 제대로 써 보지 못하고 무너졌습니다. 그 뒤로도 마찬가지입니다. 국력이 강해진 신라가 가야를 공격하자 532년 금관가야가 멸망했고, 562년에는 대가야마저 신라에 항복하고 맙니다.

이로써 가야는 역사 속에서 막을 내리게 되었습니다. 기름진 땅과 철기 문화를 바탕으로 찬란한 문화를 꽃피웠지만, 그에 걸맞은 정치 제도를 발전시키지 못해 멸망하고 말았던 것입니다.

일본이 제멋대로 뜯어고친 가야 역사

그 뒤로 가야 역사는 까맣게 잊혔습니다. 이 무렵의 역사를 다룬 『삼국사기』조차 가야 역사만은 싣지 않았을 정도로 외면 당했지요.

우리가 가야 역사에 관심을 두지 않는 동안, 일본은 가야 역사를 제멋대로 고치고 있었습니다. 오래전 자신들이 가야를 점령하고 우리나라의 남쪽 지방을 식민지로 두었다는 것입니다. 그러나 당시 일본인들이 남쪽 지방에 들어왔다고 해도, 무역을 위한 관청 정도를 두었을 뿐이라는 게 역사가들의 일반적인 생각입니다. 중요한 건 일본이 엉터리 역사를 마음껏 주장할 정도로 우리는 가야 역사에 대해 너무 무관심했던 게 사실입니다. 비록 가

***우륵**

원래 가야 사람으로 551년에 신라로 귀화해 가야금을 만들었다.

***김유신**

신라의 장수로, 가야의 시조 김수로왕의 12대손이다. 당나라 연합군과 함께 백제를 멸망시키고 고구려를 정벌했으며, 삼국 통일의 기틀을 마련하는 데 앞장 선 주역이다.

야는 멸망했지만 그 숨결은 아직까지 우리 역사 속에 흐르고 있다는 것을 기억해야 합니다. 혹시 여러분은 우륵*이라는 사람을 알고 있나요? 우륵은 우리나라의 대표 악기 중 하나인 가야금을 발명한 사람입니다. 그는 바로 가야 사람이었습니다. 삼국 통일의 영웅 김유신* 역시 마찬가지입니다. 김유신은 금관가야 구형왕의 후손입니다. 김유신뿐만 아니라 수많은 가야 왕족들이 가야 멸망 이후 신라의 귀족이 되었습니다. 그들은 신라 사람으로 살면서 삼국 통일과 민족 문화 발전을 위해 알게 모르게 큰 힘을 보탰던 것이지요.

하룻밤 마무리

독도 Vs. 다케시마

일본은 제 마음대로 역사를 뜯어고치는가 하면 다른 나라 땅도 자기네 것이라는 억지를 부립니다. 독도가 일본 영토라 우기는 것도 이에 해당합니다.

『삼국사기』에는 서기 512년(지증왕 13년) 신라의 장군 이사부가 우산국을 정복했다는 기록이 나옵니다. 이 우산국이 바로 울릉도지요. 이때부터 울릉도와 독도는 우리 영토가 된 것입니다.

일본 사람들은 '에도 시대부터 독도는 일본 땅이었다'고 주장합니다. 에도 시대란 임진왜란 뒤 도꾸가와라는 사람이 일으킨 막부**강한 힘을 가진 장수가 세운 정부**가 나라를 다스리던 1603년~1867년 사이 기간을 말하지요. 이때 일본 어부들이 독도를 처음 발견했고, 그 뒤로 쭉 일본 영토로 삼아 왔다는 것입니다.

이들의 주장대로라면 독도는, 독도가 아니라 다케시마**죽도**라고 불러야 합니다. 하지만 『삼국사기』의 기록, 일본까지 가서 독도가 우리 영토라는 사실을 확인한 조선 어민 안용복의 활약 등 그들의 주장이 거짓이라는 증거는 너무도 많습니다. 따라서 독도는 다케시마가 아니라 엄연히 우리 이름을 가진 한민족의 영토입니다.

그때 세계는

- 589년 수나라, 중국 통일
- 618년 중국에 당나라 세워짐
- 771년 카롤루스 대제, 프랑크 왕국 통일
- 862년 러시아 건국
- 875년 황소의 반란으로 당나라가 위기에 빠짐

632년~897년 | 신라의 여왕

역사상 단 세 명의 신라 여왕들

용기와 지혜 등 모든 면에서 남자 왕들보다 훨씬 뛰어났던 선덕 여왕은 현명한 신하들의 힘을 모아 나라 안팎에서 밀려오는 어려움을 훌륭하게 이겨냈습니다. 선덕 여왕이 가깝게 둔 김춘추와 김유신은 삼국을 통일하는 데 큰 공을 세웠고, 선덕 여왕은 통일 신라의 기틀을 마련하고 역사에 뛰어난 임금으로 남았습니다.

골품제에서 탄생한 신라 여왕

안타깝게도 우리나라에는 여왕이 많지 않습니다. 역사에 존재한 수백 명의 왕 중에 여왕이 고작 3명이라니, 정말 섭섭하지 않을 수가 없지요. 그것도 여러 나라에서 골고루 나온 게 아니라 오직 신라에서만 나왔습니다. 신라 27대 선덕 여왕과 28대 진덕 여왕, 그리고 통일 신라 말의 51대 진성 여왕이 그들이지요. 진성 여왕을 끝으로 우리 역사에서 여왕은 더 이상 나오지 않았습니다.

참 이상한 일이지요? 어째서 여왕은 단 3명 뿐이며 신라에서만 나오게 되었을까요? 고려 시대에는 남자의 역할을 중요하게 여기는 유교가 뿌리를 내리기 시작해서 그랬다지만, 신라와 같은 시대였던 고구려나 백제에는 왜 여왕이 없었던 것일까요?

여왕이 신라에서만 나온 이유는 바로 골품제 때문입니다. 앞에서도 배웠지만 골품제는 통일 신라가 멸망할 때까지 이어진 엄격한 신분 제도입니다. 결혼도 성골은 성골끼리, 진골은 진골끼리 하도록 정해 놓았지요. 특히 골품제의 엄격한 기준을 통과하지 못하면 임금의 자리에 오를 수 없었습니다.

고구려, 백제의 경우는 어떨까요? 왕에게 아들이 없으면 친척 중 한 사람이 자리를 잇도록 했습니다. 하지만 신라는 그렇지 않았습니다. 부모가 모두 성골이 아니면 절대 왕이 될 수 없도록 정했기 때문입니다.

이것은 큰 문제를 일으켰습니다. 숫자가 아주 적은 성골들이 자신들끼리만 결혼을 한 결과 나중에는 부모, 자식밖에는 결혼 상대가 남지 않을 정도였으니까요. 짝을 찾지 못한 많은 성골들은 진골과 결혼했습니다. 그렇게 태어난 아이들은 성골이 아니라 진골로 인정했지요.

결국 왕위를 이어야 할 성골들이 모두 사라져버렸고, 여왕이 탄생한 건 그렇게 해서지요. 임금이 될 수 있는 성골로 선덕 여왕, 진덕 여왕 밖에 남지 않았기 때문입니다. 그래서 진덕 여왕 이후로 신라의 왕은 모두 진골들이 차지했습니다.

골품제만으로 여왕의 탄생을 설명할 수 있는 것은 아닙니다. 여성의 능력을 하찮게 여겼다면 많은 신하들과 백성들이 여왕을 인정하지 않았겠지요. 실제로 신라에서 여성의 힘은 강했습니다. 남녀 차별이 거의 없을 정도였지요. 여자도 부모로부터 재산을 물려받았고, 자신의 재산을 마음대로 처분할 수 있었습니다. 또 혼인을 하더라도 여성의 지위는 죽을 때까지 인정을 받았습니다. 신라의 여성들이 힘이 강했던 건 고구려나 백제보다 늦게 유교를 받아들였기 때문입니다. 여성의 힘과 권리를 소중히 여기던 옛 전통이 오래도록 살아 있었던 것입니다.

힘을 한데 모은 여왕의 카리스마

어렵게 왕위에 오른 선덕 여왕이 여자 몸으로 임금 노릇을 하는 일은 역시 쉽지 않았습니다. 당나라 태종이 했던 예의 없는 말은 그것을 잘 드러냅

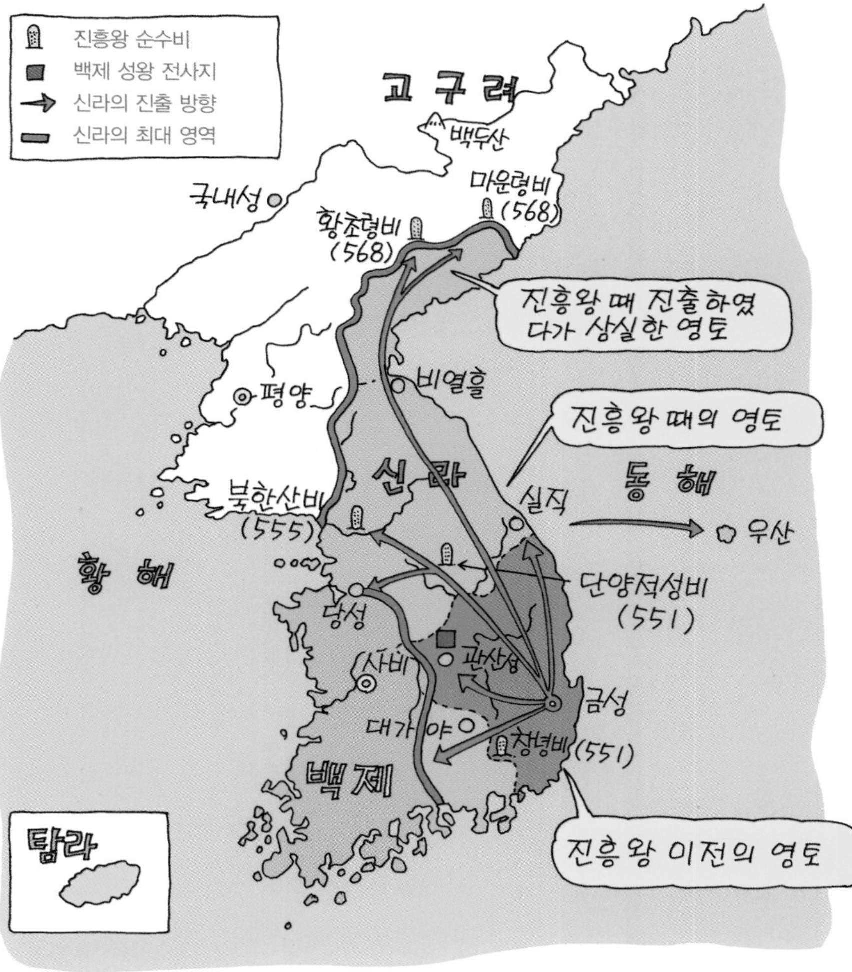

▲ 신라는 6세기 진흥왕 때 최고의 전성기를 맞았다.

니다. 당 태종은 신라의 사신에게 말했습니다.

"신라는 여자를 임금으로 삼아 이웃 나라에게 업신여김을 당하고 있다. 이것은 임금을 잃고 도둑을 맞아들인 것과 다름없다. 앞으로도 편할 날이 없을 것이다. 그러니 우리 당나라 왕족 중 한 사람을 보내 신라를 보호해 주면 어떻겠는가? 나라가 평화로워지면 그대들이 다시 다스리면 되지 않겠는가?"

선덕 여왕을 무시하고, 왕을 갈아 치우라는 소리였지요. 태종의 말이 씨앗이 되어 나중에는 상대등**지금의 국무총리** 비담이 반란을 일으키기도 했습니다.

하지만 선덕 여왕은 용기와 지혜 등 모든 면에서 남자 왕들보다 훨씬 뛰어난 왕이었습니다. 현명한 신하들의 힘을 모아 나라 안팎에서 밀려오는 어려움을 훌륭하게 이겨냈지요.

● 진흥왕 순수비
신라 진흥왕이 국토를 넓힌 기념과 국위 선양을 목적으로 세운 기념비다.

선덕 여왕이 가깝게 둔 신하들이 바로 김춘추와 김유신입니다. 두 사람은 삼국을 통일하는 데 큰 공을 세웠습니다. 김춘추는 뒷날 무열왕이 되고, 김유신은 대장군이 되어 고구려, 백제, 당나라 군대를 물리치는 데 큰 활약을 하지요. 결국 선덕 여왕은 통일 신라의 기틀을 마련했고, 역사에도 뛰어난 임금으로 남게 되었습니다.

진덕 여왕과 진성 여왕

상대등 비담의 반란을 누르고 나라가 안정을 되찾을 무렵, 선덕 여왕은 갑자기 세상을 떠났습니다. 이때 선덕 여왕의 뒤를 이어 왕위에 오른 이가 바로 진덕 여왕(?~654년)입니다.

진덕 여왕은 선덕 여왕의 사촌 동생입니다. 타고난 외모가 무척 아름다웠다고 알려진 진덕 여왕은 선덕 여왕처럼 지혜롭게 나라를 다스렸습니다. 당나라와의 관계를 튼튼히 하고 김춘추, 김유신 등 신하들의 지혜를 합쳐 삼국 통일의 기틀을 마련하는 데 크게 이바지했지요.

진성 여왕(?~897년)은 신라 제51대 왕이자 마지막 여왕이기도 합니다. 경문왕의 딸이자 헌강왕, 정강왕의 누이동생입니다. 정강왕이 아들 없이 죽자 그 뒤를 이어 왕위에 올랐습니다.

진성 여왕은 어렸을 때부터 뛰어난 지혜를 갖고 있었고, 여장부처럼 체격도 훤칠했다고 합니다. 임금이 된 뒤 나라를 잘 다스려 나갔지만 결국 망해 가던 신라를 구하지는 못했습니다. 선덕 · 진덕 여왕을 도운 김춘추, 김유신과 같은 뛰어난 신하들이 진성 여왕 곁에는 없었기 때문입니다.

결국 왕이 된 지 11년째 스스로 임금 자리에서 물러났고, 크게 상심한 진성 여왕은 6개월 만에 세상을 떠나고 말았습니다.

그때 세계는

610년	630년	646년	661년
이슬람교 탄생	일본, 당나라에 '견당사'란 사신단 보냄	당나라의 현장법사, 인도 여행기 『대당서역기』를 씀	당나라, 서역의 여러 나라를 76주 8부로 정함

660년 | 백제 멸망

의자왕은 정말 삼천 궁녀를 거느렸을까?

백제 멸망은 기정사실이었습니다. 계백 장군은 꺼져 가는 백제에 자신의 목숨을 걸었지요. 황산벌에서 사라져간 계백 장군과 수많은 백제 사람들의 목숨은, 찬란하고 비참했던 백제의 마지막 순간을 대신하고 있습니다.

낙화암에서 떨어진 3천 송이 꽃들

백제가 멸망하던 날은 이미 황산벌을 지키던 계백 장군도 죽고, 나·당신라와 당나라 연합군이 밀물처럼 사비성부여으로 쏟아져 들어오던 때입니다. 사비성을 끼고 도는 백마강금강의 바위 위에 아리따운 처녀들이 몰려들었습니다. 이들은 백제의 마지막 임금 의자왕의 시중을 들던 궁녀들이었지요. 망한 나라에 살아 남아 적의 포로가 되느니 차라리 죽겠다며 높은 바위에 오른 것입니다.

마침내 한 궁녀가 몸을 던졌습니다. 그것을 신호로 한 사람, 두 사람, 세 사람……. 떨어져 죽은 궁녀는 모두 3,000명. 아름다운 처녀들이 꽃처럼 몸을 던진 것입니다. 사람들은 이들이 몸을 던진 바위에 '낙화암'이라는 이름을 붙였습니다. 꽃이 떨어진 바위라는 뜻이지요. 낙화암 전설은 비참했던 백제의 마지막 순간을 전해 주고 있습니다.

삼천 궁녀에서 사치왕까지

낙화암 전설을 그대로 믿기는 힘듭니다. 실제로 낙화암에서 몸을 던진 여인들이 있었겠지만, 그들이 삼천 궁녀인지는 알 수 없기 때문입니다. 또 의자왕이 3,000명이나 되는 궁녀를 거느리며 사치를 부렸다는 이야기도 온전히 믿기는 힘듭니다. 무엇보다 당시 사비성에는 3,000명이나 되는 궁녀들이 머물 장소가 없었기 때문이죠. 백제 왕실의 규모를 따져 봐도 그처럼 많은 궁녀의 시중을 받을 필요는 없었습니다.

그럼 왜 의자왕에게 궁녀가 3,000명이나 있다는 소문이 떠돈 것일까요? 그건 신라를 비롯한 후대 역사가들 때문입니다. 그들이 백제 멸망 원인을 의자왕의 사치에서 찾았기 때문입니다. 그래야 백제를 멸망시킨 일이 더욱 정의로운 행동으로 인정을 받을 수 있었기 때문이지요.

하지만 역사는 그들의 이야기가 부풀려졌다고 가르쳐 줍니다. '3000'이라는 숫자는 진짜 3,000명이라는 뜻이 아니라 '많다'는 것을 나타내는 표현일 뿐입니다. 또 궁녀가 '궁에 있는 왕의 여자'를 의미한 것도 아닙니다.

당나라 군대는 백제를 공격해 백성들의 재물을 약탈하고 부녀자들을 희롱하는 등 못된 행동을 일삼곤 했습니다. 백제의 부녀자들 중에는 이런 수모를 겪지 않으려고 스스로 목숨을 끊은 사람이 많았습니다. 궁녀 3,000명에 관한 이야기는 그렇게 생겨난 것입니다.

의자왕에 관한 이야기 역시 마찬가지입니다. 『삼국사기』에 나오는 의자왕은 용맹하고 지혜로운 인물입니다. 백제 무왕의 맏아들인 의자왕은 부모에게 효도하고 형제에게 우애가 있어 '해동의 증자'라 불렸습니다. 증자란 공자의 제자로 효성이 지극하기로 유명했던 인물입니다.

왕위에 오른 의자왕은 지혜롭게 나라를 다스려 백제의 힘을 기르기는 데 큰 역할을 했습니다. 왕이 된 이듬해 신라를 공격해 40여 개 성을 빼앗았고, 신라요충지인 대야성을 점령해 포로 1만 명을 사로잡기도 했습니다. 의자왕은 그 뒤로도 10여 년 동안 거의 매년 신라와 전쟁을 벌였습니다. 멸망하기 5년 전인 655년에는 고구려, 말갈과 힘을 합해 신라의 성 30여 개를 쳐부수기도 했지요. 이런 의자왕이 정말 사치 때문에 나라를 망치고 말았을까요?

외교에 어두웠던 왕

물론 의자왕이 저질렀던 실수는 백제 멸망의 큰 원인이었습니다. 세월이 흐르면서 총명함을 잃고 간신들의 말에 귀를 기울였지요. 의자왕은 나라에 큰 가뭄이 들었을 때 백성들은 아랑곳하지 않고, 아들들에게 넓은 땅을 내려 주는 잘못도 저질렀습니다.

하지만 백제 멸망의 가장 큰 원인은 따로 있습니다. 수나라를 대신해 중국의 지배자로 떠오른 당나라의 숨은 계획을 알아차리지 못한 것입니다.

당나라는 자기들을 위협하는 고구려를 눈엣가시처럼 미워했습니다. 하지만 많은 군대를 보내 치른 전쟁에서 한 번도 이겨 본 적이 없었지요. 그래서 당나라는 신라를 이용해 고구려를 꺾는 길을 택했습니다.

신라도 당나라와 뜻이 맞았지요. 655년 백제·고구려·말갈 연합군에게 30여 개 성을 빼앗긴 뒤에는 당나라의 도움이 몹시 필요했던 것입니다. 이 싸움 뒤 신라의 김춘추는 당나라에 찾아가 백제와 고구려를 침략하게 만드는 데 성공합니다. 백제의 멸망이 시작된 것이지요.

만일 의자왕이 이런 상황

을 꿰뚫어 보았다면 신라가 당나라와 손잡지 못하도록 적극적인 노력을 기울였을 것입니다. 결국 외교에 어두웠던 게 백제 멸망의 가장 큰 원인이었습니다.

또 다른 이유도 있습니다. 백제 지배층이 힘을 한데 모으며 단결하지 못한 것입니다. 충신 성충은 이런 상황을 예상하고 미리 대비책을 마련해 놓았지만, 의자왕과 신하들은 오히려 성충을 모함하여 굶어 죽게 만들었지요. 또 의자왕은 웅진성**지금의 공주**을 굳게 지키던 둘째 왕자를 의심해, 성을 고스란히 적의 손에 넘겨 주기도 했습니다. 한마디로 백제 왕실은 이미 나라를 이끌어갈 힘을 잃었던 것입니다.

결국 백제는 계백 장군의 죽음에도 불구하고 멸망이라는 운명을 피하지 못했습니다. 나라의 힘을 모으지 못했던 의자왕도 포로가 되어 당나라로 끌려갔습니다.

하룻밤 마무리

당나라로 끌려간 의자왕

신라와 당나라 연합군에게 사비성이 포위되자, 의자왕은 태자와 함께 웅진성으로 도망쳤습니다. 하지만 사비성이 적의 손에 떨어졌다는 소식을 듣고 항복했지요. 의자왕과 왕자들, 88명의 신하 그리고 백성 1만 2,000명이 당나라로 끌려갔습니다. 이때 수많은 백성들이 의자왕을 붙들고 통곡했다고 합니다.

백제에 남은 백성들은 의자왕을 그리며 노래를 지어 불렀고, 의자왕이 돌아오기를 기다렸다고도 합니다. 당나라에 도착한 의자왕은 곧 병이 들어 죽고 말았고, 지금의 뤄양시 북망산에 묻혔다고 전해집니다.

백제 백성들의 눈물겨운 노력

약 700년이나 이어져 온 나라를 한순간에 빼앗긴 백제 사람들. 용맹하고 나라를 사랑한 그들이 나라를 되찾기 위해 싸운 것은 당연한 일입니다. 의자왕이 당나라로 끌려가자 의자왕의 사촌 동생인 복신과 승려 도침이 병사들을 모아 신라와 당나라에 맞서 싸웠습니다. 일본에 가 있던 왕자 부여풍도 배 170척으로 일본 병사들의 힘을 빌어 싸웠습니다. 하지만 이들은 663년 백강구 전투에서 전멸했고, 부여풍은 고구려로 도망쳤습니다.

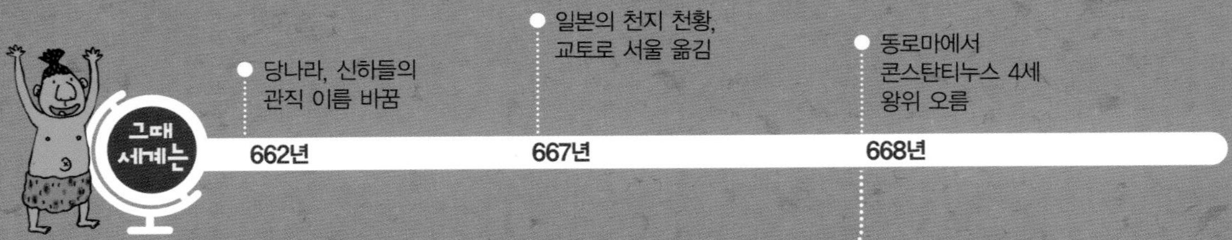
그때 세계는
당나라, 신하들의 관직 이름 바꿈
662년
일본의 천지 천황, 교토로 서울 옮김
667년
동로마에서 콘스탄티누스 4세 왕위 오름
668년

668년 | 고구려 멸망

그토록 강한 고구려는 왜 멸망했을까?

을지문덕 장군이 이끈 수나라와의 살수대첩, 연개소문의 당나라 격퇴 등 당시 중국을 지배하던 당나라와 전쟁해 한 번도 패한 적 없던 고구려는, 결국 신라와 당나라 연합군의 공격 앞에 무너지고 말았습니다. 한반도 북쪽과 드넓은 만주 대륙을 호령한 고구려기에 더욱 아쉬운 일입니다.

연개소문, 적의 틈바구니에 서다

한반도 북쪽과 드넓은 만주 대륙을 호령한 고구려도 신라와 당나라 연합군의 공격 앞에 무너지고 말았습니다. 이로써 우리 민족의 활동 무대는 점차 한반도 안으로 좁혀졌지요. 당시 중국을 지배하던 당나라와의 전쟁에서 한 번도 패한 일이 없는 고구려기에 더욱 아쉬운 일이 아닐 수 없습니다.

고구려 멸망을 이야기하자면 빼놓을 수 없는 사람이 있습니다. 바로 연개소문입니다. 그는 대막리지라는 벼슬에 올라 꺼져 가던 고구려 불씨를 되살리기 위해 안간힘을 썼습니다. 그가 살아 있을 때 고구려는 나라 힘을 되찾아 당나라 침략군을 크게 혼내 주기도 했습니다. 하지만 그가 죽자 용맹한 지도자를 잃은 고구려는 다시 허망하게 무너지고 말았습니다.

연개소문은 어떤 사람이었을까요? 연개소문은 고구려 귀족 집안에서 태어났습니다. 아버지 동부대인은 고구려에서 제일 높은 벼슬인 대대로를 지낸 벼슬아치였지요. 당시엔 아버지가 죽으면 아들이 자리를 이어받는 것이 당연한 일이었지만 연개소문만은 사람들의 반대에 부딪혔습니다.

사람들은 연개소문이 잔인하고 포악해 그가 대대로에 오르면 나라를 망칠 거라며, 대대로가 되는 걸 반대했습니다. 연개소문은 하는 수 없이 머리를 조아리며 사죄했습니다. 임시로 자리에 올랐다가 무엇이든 잘못을 저지르면 곧 물러나겠다는 약속까지 한 후에야 간신히 대대로에 올랐습니다.

하지만 시련은 계속됐습니다. 이번에는 영류왕과 신하들이 몰래 그를 죽이려 했기 때문입니다. 이 사실을 안 연개소문은 한 가지 계책을 세웠습니다. 성 남쪽에서 잔치를 크게 열고 그들을 초청했지요. 그러고는 그들을 모조리 죽여 버렸습니다. 연개소문은 영류왕의 조카를 새로 왕으로 세웠습니다. 고구려의 마지막 임금인 보장왕이 바로 그입니다.

그런데 참 이상한 일입니다. 영류왕을 비롯한 고구려 신하들은 왜 그토록 연개소문을 미워한 것일까요? 그들의 말처럼 연개소문이 너무나 잔인하고 포악했기 때문일까요?

연개소문이 미움을 받은 까닭은 따로 있었습니다. 바로 그가 당나라의 위협에 맞서 고구려 자존심을 지켜야 한다고 주장한 사람이기 때문입니다.

민족의 자존심을 지킨 영웅

수나라를 멸망시키고 중국의 지배자로 떠오른 당나라는 엄청난 힘을 자랑하고 있었습니다. 영류왕을 비롯한 신하들은 그런 당나라를 몹시 두려워했습니다. 고구려가 당나라와 맞서 싸웠다간 나라가 멸망하고 자신들도 목숨을 잃을 거라고 겁을 먹었던 것이지요.

영류왕은 당나라에 무릎 꿇는 길을 택했습니다. 당나라가 고구려 지도를 보내라고 하자 그대로 따랐고, 수나라와 전쟁에서 이긴 것을 기념해 세운 비석도 허물어뜨렸습니다. 세자를 당나라에 보내 머리를 조아리게도 했습니다. 이제부터 당나라의 신하가 될 테니 잘 봐달라는 식의 비굴한 행동을 한 것입니다.

연개소문은 크게 분노했습니다. 이제껏 고구려를 이끌어온 것은 '고구려가 세상의 중심'이라는 생각 때문이었는데 왕이 앞장서서 당나라 졸개가 되겠다 하니 연개소문으로서는 가만히 있을 수 없었던 것입니다.

그가 영류왕과 신하들의 미움을 받은 건 바로 그 때문입니다. 결국 연개소문은 임금과 비겁한 신하들을 죽여 고구려가 당나라에 무릎 꿇는 것을 막았던 셈입니다. 그래서 일제 강점기 독립 운동가자 역사가인 단재 신채호 선생은 말했습니다.

"연개소문은 4,000년 한국사에서 첫째로 꼽을 수 있는 영웅이다."

연개소문이 고구려의 영웅을 넘어 민족 자존심을 지킨 영웅이라는 의미겠지요.

고구려 멸망을 앞당긴 연개소문의 아들들

보장왕을 왕위에 세운 뒤 연개소문은 막리지라는 벼슬에 올랐습니다. 그러고는 앞으로 있을지 모를 당나라와의 전쟁을 차근차근 준비해 나갔지요.

결국 연개소문의 예상은 맞아떨어졌습니다. 645년 당나라 태종이 대군을 거느리고 침략해 왔기 때문입니다. 당나라 군대는 개모성과 요동성**랴오둥성**을 무너뜨리고 안시성을 향해 물밀듯 밀려왔습니다. 하지만 안시성에는 용맹한 고구려 장수 양만춘*이 있었습니다.

양만춘은 80일 동안이나 성문을 굳게 잠그고 당나라 군대와 전투를 치렀습니다. 이 전투에서 당나라는 처참하게 패배했습니다. 태종이 양만춘이 쏜 화살에 한쪽 눈을 잃고 하는 수 없이 당나라로 돌아갔다는 이야기까지 떠돌았지요.

***양만춘**
고구려의 장수로, 645년 안시성 싸움에서 중국 당나라 태종이 보낸 30만 대군을 물리쳤다.

복수를 맹세한 태종은 647년에도 고구려를 침략했습니다. 하지만 이번에도 비참한 패배를 겪고 말았습니다. 당나라 태종은 고구려 정벌을 후회했고, 패배의 상처 때문에 고통 받았습니다. 고구려 침략에 실패한 당태종은 649년 눈을 감았습니다. 앞으로는 절대 고구려를 침략하지 말라는 유언을 남기고 말이지요.

하지만 당나라 태종의 뒤를 이은 고종은 그 유언을 따르지 않았습니다. 660년과 662년 두 번에 걸쳐 많은 군사들을 이끌고 고구려를 공격했고, 연개소문은 잘 훈련을 받은 병사들을 이끌고 당나라 군대를 쳐부쉈습니다. 연개소문은 살아 있을 때 당나라와의 전쟁에서 단 한 번도 패배하지 않았던 진정한 영웅이었습니다. 하지만 연개소문은 666년 눈을 감았습니다. 죽기 전에 아들 삼형제를 불러 마지막 유언을 남겼습니다.

"너희들은 물과 물고기처럼 화목하게 지내라. 절대 벼슬을 두고 다투지 말라."

연개소문의 아들들은 그 유언을 따르지 않았습니다. 오히려 벼슬을 놓고 치열하게 다투었습니다. 형제의 싸움에서 밀려난 맏아들 연남생은 당나라에 굴복하고 말았습니다. 그러고는 당나라의 앞잡이가 되어 고구려를 침략했지요.

연개소문이 죽은 지 3년 만에 고구려는 연남생을 앞세운 당나라 군대에 허무하게 무너지고 말았습니다. 영웅의 아들이, 아버지가 지켜낸 나라를 멸망의 구렁텅이로 빠뜨린 것입니다.

하룻밤 **마무리**

중국 고대 소설 속 연개소문

당나라의 침략에 맞서 싸우며 단 한 번도 패하지 않은 연개소문의 활약이 얼마나 뛰어났던지, 중국 사람들은 그 이름만 듣고도 겁을 먹었다고 합니다. 그래서 연개소문은 『규염객전』이라는 중국의 고대 소설과 〈어니하〉, 〈독목관〉과 같은 전통 경극**중국의 대표적인 전통 연극**의 주인공으로도 등장했습니다. 물론 중국 사람들은 연개소문을 영웅이 아니라 포악하고 잔인한 오랑캐 장수로 그리고 있습니다.

고구려 사람들의 눈물

고구려가 멸망한 뒤 보장왕은 백성 20여 만 명과 함께 당나라로 끌려갔습니다. 당나라는 보장왕을 죽이지 않고 벼슬을 주어 고구려 사람들의 마음을 돌리려 했습니다. 하지만 보장왕은 677년 백성들을 데리고 요동**랴오둥** 지방으로 돌아와 고구려를 되살리려 노력했습니다.

이 사실이 당나라에 알려진 뒤 보장왕은 먼 곳으로 귀양을 갔다가, 682년 결국 눈을 감았습니다. 그 뒤 보장왕의 외손자 안승이 다시 한 번 고구려를 되살리려고 노력했지만 결국 실패합니다. 신라에 항복한 안승은 신라 귀족이 되어 살다가 눈을 감았습니다.

신라가 삼국을 통일했다고?

어린이를 위한 하룻밤에 읽는 한국사

3 삼국 통일을 거쳐 남북국 시대로!

676년 신라의 삼국 통일
가장 후진국이던 신라가 삼국을 통일한 비결

682년 신라의 국학
괘릉 무인석의 비밀

698년 발해 건국
발해는 왜 오랫동안 우리 역사가 아니었을까?

698년~926년 발해의 문화
발해 사람들이 기독교를 믿었다고?

617년~686년 원효 대사, 불교를 퍼뜨리다
으아악, 깨달음을 준 게 해골 물이었다고?

800(?)년~846년 신라를 무역 강국으로 키운 장보고
바다의 왕 장보고는 부하의 손에 죽었다

901년~918년 후고구려의 건국과 멸망
버려진 신라의 왕자에서 후고구려의 왕으로

900년~936년 후백제의 건국과 멸망
다 잡은 물고기를 놓친 견훤

918년~936년 고려를 건국하고 후삼국을 통일한 왕건
역사책 속 왕건, 현실 속 왕건

그때 세계는

- 671년: 당나라 의정대사 불경 구하러 인도에 감
- 672년: 일본, '진신의 난'으로 천황의 힘 강해짐
- 673년: 사라센, 동로마의 콘스탄티노플 공격

676년 | 신라의 삼국 통일

가장 후진국이던 신라가 삼국을 통일한 비결

675년 매소성 전투 승리, 676년 기벌포 해전 승리 뒤 신라는 당나라 군대를 우리 땅에서 완전히 몰아냈어요. 하나로 뭉친 국민의 힘, 뛰어난 외교력으로 모든 어려움을 이겨 낸 신라는 삼국을 통일하지요.

노비도 나라에 목숨을 바치다

세 선수가 달리기 시합을 벌였습니다. “땅!”하고 총소리가 울리기 무섭게 앞으로 달려 나가는 선수들. 그런데 한 선수는 출발선에서 미끄러져 가장 뒤처지고 맙니다. 이 선수는 이를 악물고 뛰고 또 뛰어 거리를 좁혀 갑니다. 그러고는 앞서 출발한 두 선수를 제치고 당당하게 금메달을 목에 걸지요.

신라의 삼국 통일 과정은 이 달리기 시합과 흡사합니다. 고구려와 백제가 나라를 정비하고 역사의 주인공으로 떵떵거린 건 4세기경입니다. 신라는 6세기가 되어서야 이들 나라와 비슷한 수준에 이르지요. 고구려, 백제에 비해 무려 200년이나 발전이 늦었던 것입니다. 하지만 대역전극을 펼친 달리기 선수처럼 신라도 최후의 승리자가 됩니다. 관중들은 우승을 차지한 달리기 선수를 보고 이렇게 웅성거립니다.

“저렇게 빨리 달리는 걸 보니 발에 엔진을 단 것이 틀림없어!”

신라는 대체 어떤 엔진을 달았기에 불리한 상황을 극복하고 최후의 승리자가 되었을까요?

신라의 첫 번째 엔진은 바로 단결된 힘입니다. 온 나라가 한마음 한뜻으로 똘똘 뭉쳐 외적과 맞서 싸운 것이지요.

반면 한때 저만치 앞서 가던 고구려와 백제는 그렇지 않았습니다. 서서히 힘을 잃고 백성들도 나라 사랑하는 마음을 잃어갔습니다. 무엇보다 엄청나게 힘이 커진 귀족들 때문에 임금조차 제 뜻을 펼칠 수 없었지요. 임금이 나랏일을 제대로 돌볼 수 없으니 나라꼴은 점점 엉망이 되어 갔습니다.

신라는 그렇지 않았습니다. 진덕 여왕에 이어 임금이 된 김춘추는 귀족의 힘을 누르고, 그들이 왕과 나라를 위해 힘쓰도록 만들었습니다. 귀족이 나라를 위해 솔선수범하자 백성들도 점점 하나로 뭉쳤습니다. 신라의 강한 힘은 바로 이들로부터 나왔습니다.

화랑 관창의 죽음은 그런 신라의 힘을 잘 보여 줍니다. 백제를 공격한 나·당 연합군은, 죽음을 각오한 백제 계백 장군의 5천 결사대 앞에서 번번이 패하고 맙니다. 이때 신라의 어린 관창은 혼자 말을 몰아 백제군에게로 달려갔습니다. 그러고는 수많은 백제군과 싸우다 목숨을 잃고 말았지요.

"어린 관창도 저렇게 싸우다 죽는데 우리도 가만히 있을 수는 없다!"

계속된 패배로 사기가 떨어진 신라군은 관창의 죽음을 보고 큰 힘을 얻었습니다. 다시 백제군을 공격했지요. 백제의 5천 결사대도 더 이상은 용맹한 신라군을 당해낼 수 없었습니다. 신라군은 황산벌 싸움에서 승리하고 사비성을 향해 물밀듯 쳐들어갔습니다. 어린 관창의 죽음이 삼국 통일의 불씨가 된 것입니다.

화랑뿐만 아닙니다. 가장 천한 신분인 노비들도 나라를 위해서는 아낌없이 목숨을 바쳤습니다. 임금부터 노비까지 한마음 한뜻으로 뭉친 나라, 이

런 나라가 통일을 이루지 못했다면 그게 더 이상한 일일지도 모릅니다.

신라를 이끈 두 번째 힘, 뛰어난 외교력

신라의 두 번째 엔진은 뛰어난 외교력입니다. 고구려를 정복하려는 당나라의 마음을 읽고, 그것을 통일을 위해 이용했던 것이지요. 하지만 신라의 진짜 뛰어난 외교력은 당나라의 욕심을 바로 볼 줄 알았다는 데 있습니다.

당나라는 고구려, 백제를 멸망시킨 뒤에는 신라마저 정복하려고 계획했습니다. 하지만 당나라의 검은 마음을 이미 꿰뚫어 보고 있었던 신라는 당나라와 힘을 합치면서도 다가올 전쟁을 대비해 나갔습니다.

얼마 뒤 신라의 예상은 맞아떨어졌습니다. 고구려와 백제가 항복한 뒤 당나라가 신라를 삼키려는 전쟁을 시작한 것입니다. 그러나 승리의 여신은 이미 오래 전부터 전쟁 준비를 해 왔던 신라에게 손을 들어 주었습니다. 675년 매소성 전투와, 676년 기벌포 해전에서 승리한 뒤, 신라는 당나라 군대를 우리 땅에서 완전히 몰아냈습니다. 하나로 뭉친 국민의 힘, 뛰어난 외교력으로 모든 어려움을 이겨 낸 신라의 지혜가 없었다면 통일을 이룬 삼국은 당나라 차지가 되었을지도 모릅니다.

● 임신서기석
신라의 두 화랑이 학문에 전념할 것과 나라에 충성할 것을 맹세한 내용을 새긴 비석이다.

당나라 군대를 몰아낸 뒤 신라는 한반도 땅 3분의 2를 차지했습니다. 한반도의 나머지 3분의 1, 만주 대륙을 비롯한 드넓은 우리 민족의 영토는 아쉽게도 점점 더 우리와 멀어졌지요. 그래서 신라의 삼국 통일을 완전한 통일로 인정하지 않는 사람도 많습니다. 하나의 나라를 만들었지만, 영토를 대부분 잃었으니 진정한 통일이 아니라는 것이지요.

통일된 지 얼마 지나지 않아 만주 땅에는 고구려를 계승한 발해가 등장합니다. 그래서 학자들은 이 무렵을 가리켜 통일 신라 시대 대신 남북국 시대라 부르는 경우가 많습니다. 남쪽과 북쪽에 우리 민족이 세운 두 나라가 동시에 있었던 시대라는 얘기입니다.

하룻밤 마무리

삼국을 통일한 진정한 힘, 화랑도

화랑도란 요즘으로 말하면 '△△소년단'과 같은 청소년 수련 단체라 할 수 있습니다. '화랑'이란 '꽃처럼 아름다운 남자'란 뜻인데, 화랑을 우두머리로 한 청소년 모임이 바로 화랑도입니다.

화랑도에는 진골 귀족뿐만 아니라 평범한 백성의 자식들도 참가할 수 있었습니다. 이들은 평소 이름난 산천을 찾아다니며 몸과 마음을 수련하고, 나라에 큰 일이 생겼을 때 목숨 바쳐 싸우는 것을 목표로 삼았습니다.

신라를 이끌어 간 수많은 인재도 화랑도에서 나왔지요. 사다함, 김유신, 비령자, 관창, 원술랑 같은 이들은 나라가 어려울 때 크게 활약한 대표적인 화랑입니다.

신라 사람들을 하나로 뭉치게 한 세속 오계

신라가 삼국 통일을 이룩할 수 있었던 데는 '세속 오계'의 힘도 컸습니다. 세속 오계란 세상을 살아가며 지켜야 할 다섯 가지 계율**나쁜 일을 저지르지 않게 하는 규칙**을 말합니다. 5가지 계율의 내용은 다음과 같습니다.

※ 사군이충(事君以忠) : 충성하는 마음으로 임금을 섬긴다.
※ 사친이효(事親以孝) : 효도로써 부모를 섬긴다.
※ 교우이신(交友以信) : 친구를 믿음으로 사귄다.
※ 임전무퇴(臨戰無退) : 전쟁에 나섰을 때는 물러서지 않는다.
※ 살생유택(殺生有擇) : 생명이 있는 것을 아끼며 함부로 죽이지 않는다.

600년(진평왕 22년) 원광 스님이 만든 세속 오계는, 화랑도뿐만 아니라 신라 사람이라면 누구나 지키고 따라야 할 계율이었습니다. 신라 사람들은 세속 오계를 통해 마음을 한데 모을 수 있었고, 삼국 통일을 위한 큰 힘을 만들어낼 수 있었습니다.

그때 세계는

- 679년 불가리아 왕국 건설
- 683년 당나라 고종 죽음

682년 | 신라의 국학

괘릉 무인석의 비밀

신라 사람들은 험상궂게 생기고 체격이 큰 서역인들이 왕 무덤을 지키는 장수로 안성맞춤이라고 생각했습니다. 그래서 그들의 모습을 본 뜬 무인석을 만들어 무덤가에 세워 두었던 것이지요. 우리는 그들을 통해 지구의 동쪽 끄트머리에 있는 신라가 머나먼 서역인들과 교류한 국제적인 나라임을 알 수 있습니다.

이상하게 생긴 무인석의 정체는?

신라의 도읍지 경주에서 동쪽으로 35리 쯤 가면 괘릉이라는 신라의 대표적인 왕릉**왕의 무덤**이 나옵니다. 38대 원성왕(?~798년)이 주인일 것으로 짐작하는 무덤이지요. 이 무덤에는 돌사람, 돌짐승 등이 뛰어난 조각 기술로 새겨져 있습니다.

그런데 이 무덤이 유명해진 데에는 나름의 이유가 있습니다. 늠름한 자세로 무덤을 지키는 한 쌍의 무인석**돌로 만든 장수**이 흔히 볼 수 있는 우리 민족의 외양과는 달랐기 때문입니다. 움푹 들어간 눈, 매부리코, 귀밑부터 무성하게 나 있는 곱슬곱슬한 수염, 아랍 남자들이 머리에 쓰는 둥근 터번까지. 그렇습니다. 괘릉의 무인석은 신라 사람이 아니라 서역인**아랍 사람**을 닮았지요. 이들의 생김새는 한눈에도 서역인을 직접 보고 만들었다는 걸 알 수 있을 정도로 생생합니다. 그 옛날 교통이 발달하지 않은 시절에도 서역 사람들이 신라에 드나든 것일까요?

그런데 더 이상한 것은, 무인석의 주인공들이 옆구리에 신라의 복주머니를 차고 있다는 사실입니다. 신라의 옷을 입고 신라의 풍습을 지키며 산 외국 사람들. 무인석은 말이 없습니다. 그래서 오랫동안 사람들은 이 무인석의 정체를 놓고 궁금해 했습니다. 대체 그들은 누구일까요?

신라에 눌러앉은 아라비아 사람들

이 궁금증은 외국 학자가 쓴 책을 통해 풀렸습니다. 세계 최초로 우리나라를 세계에 알린 사람은, 아랍의 지리학자 '이드리시'입니다. 그는 1104년 세계 지도를 만들 때 신라를 중국 동남쪽 바다에 있는 섬나라로 표시했습니다. 그는 말했습니다.

"신라를 방문한 사람은 누구나 그 땅에 머물며 다시 나오고 싶어 하지 않는다. 그곳은 매우 풍족하고, 생활에 이로운 것이 많기 때문이다. 특히 금은 너무나 흔해 주민들은 개의 사슬이나 원숭이의 목테도 금으로 만든다."

곧 신라가 너무나 살기 좋은 땅이라서 장사를 하러 간 상인들이 그대로 머물고 싶어 했다는 말입니다. 이드리시처럼 지리학자였던 아랍인 마크디시는, 966년에 쓴 책에서 신라를 이렇게 표현했지요.

● 귀걸이
신라인의 귀걸이와 장식품은 그들의 뛰어난 세공 기술을 엿볼 수 있는 유물이다.

"중국 동쪽에 신라라는 나라가 있는데 공기가 맑고 재물이 풍부하다. 땅이 기름지고 물이 좋을 뿐만 아니라 주민의 성격 또한 순해서 신라에 간 사람들은 그곳을 떠나려 하지 않는다."

아라비아 사람들은 모든 게 풍족하고 친절한 사람들이 많은 신라를 최고의 나라로 생각했습니다. 그만큼 신라는 사람들이 살기 좋은 발전한 곳이었습니다. 요즘 말로 치면 세계의 선진국이었던 셈이지요.

당나라가 중국의 주인이던 시절, 많은 아랍 상인들이 무역을 위해 동쪽의 나라들을 찾아왔습니다. 그들 중에는 신라를 찾아온 사람들도 있었습니다. 지금의 울산 항구는 당시 아랍 상인들이 드나들던 국제 무역 항구기도 했습니다.

그들은 살기 좋은 신라에 반해 그대로 눌러앉는 경우가 많았습니다. 꽤

릉을 지키는 무인석의 주인공도 그런 사람 가운데 하나였을 것입니다. 신라 사람들은 험상궂게 생기고 체격이 큰 서역인들이 왕의 무덤을 지키는 장수로 안성맞춤이라고 생각했습니다. 그래서 그들의 모습을 본뜬 무인석을 만들어 무덤가에 세워둔 것이지요.

1,000년의 세월 동안 비바람을 견디며 왕의 무덤을 지킨 무인석의 비밀은 그렇게 해서 풀렸습니다. 우리는 그들을 통해 지구 동쪽 끄트머리에 있는 신라가 머나먼 서역 사람들과도 교류한 국제적인 나라였음을 알 수 있게 되었습니다.

세계와 교류한 신라

서역 사람들만 신라를 찾아온 것은 아닙니다. 신라 사람들도 당나라를 비롯해 서역 지방을 방문했지요. 혜초 스님(704년~787년)이 그 대표적인 인물입니다. 723년 길을 떠나 4년 동안이나 인도를 여행했고, 아프가니스탄, 중앙아시아 등지를 돌며 서역 문화를 공부했습니다. 이런 경험을 모아 『왕오천축국전』이란 책도 펴냈지요.

당시 서역에서 전해진 불교 경전을 중국말로 번역한 책 중 60퍼센트는 당나라에 유학하던 신라 승려들의 작품이라고 합니다. 당나라에 살던 신라 기술자들은 서역에서 새로운 물건이 들어오면 그 즉시 신라로

● **금제 나비 모양 관식 · 날개 모양 관식 · 천마총 금관**

경주 천마총에서 출토된 금관과 새 날개 모양의 금관 장식이다.

들여와 나라의 과학 기술을 크게 발전시켰습니다. 그만큼 신라 사람들은 좁은 한반도 울타리를 벗어나 세계에 높은 관심을 가졌습니다. 세계를 향해 열린 관심은, 신라를 세계에 알리고 우리 민족 문화의 수준을 높이는 데 큰 역할을 했습니다.

하룻밤 마무리

『왕오천축국전』은 왜 프랑스에 있을까?

중국의 감숙성 둔황현이란 곳에 있는 둔황 석굴은 세계적인 불교 유적지입니다. 그리 높지 않은 절벽에 남북으로 1.6킬로미터에 걸쳐 뚫은 석굴 사원**절**이지요. 여러 층으로 뚫린 석굴은 한때 1,000개에 이를 정도로 규모가 컸다고 합니다. 이 둔황 석굴에는 2,000개가 넘는 불상과 수많은 벽화 등 귀중한 문화재가 남아 있습니다. 『왕오천축국전』은 이들 석굴 중 하나인 '장경동'에서 발견됐습니다.

1900년에 발견된 둔황 석굴에는 5만 권이 넘는 책들이 보관되어 있었지요. 하지만 1907년 영국의 탐험가인 스타인이 25개 상자에 책 9,000권을 담아 달아났습니다. 1908년에는 프랑스 학자 펠리오가 다시 29상자를 빼내 갔지요. 『왕오천축국전』은 펠리오가 훔쳐 간 29개 상자 중 하나에 담겨 있었습니다. 현재 프랑스 파리의 국립 박물관에서 보관하고 있지요.

동양과 서양이 만나던 길, 실크로드

'실크로드'란 '실크**silk | 비단**'와 '로드**road | 길**'가 합쳐진 말입니다. 우리말로 '비단길'이라는 뜻의 이 길은, 고대에 비단을 거래하기 위해 동양과 서역을 연결한 무역로**무역을 하는 길**였습니다. 총 길이 6,400킬로미터인 실크로드는 중국에서 시작하여 중앙아시아를 거쳐 멀게는 지중해와 이집트까지 연결하고 있었지요.

실크로드가 처음 열린 것은 한나라 무제 때고, 당나라 때 가장 활발하게 사람들이 오갔습니다. 이 길로 많은 서역 상인들이 중국에 왔고, 중국과 신라의 수많은 스님과 사신들도 새로운 문물을 배우기 위해 서역으로 갔습니다. 혜초 스님도 바로 이 실크로드를 통해 천축**인도의 옛 이름**에 갔지요. 실크로드는 무역뿐 아니라 동서양의 문화가 교류하던 길이기에 그 역사적 의미가 더욱 큽니다.

그때 세계는

- 687년 서프랑크 왕국의 신하 피핀, 나라를 손에 넣음
- 690년 중국 고종의 왕비 측천무후, 황제 자리에 오름
- 697년 사라센, 지중해 남쪽에 있던 로마의 영토 카르타고 점령

698년 | 발해 건국

발해는 왜 오랫동안 우리 역사가 아니었을까?

고구려가 망하고 30년 뒤
고구려 후손이라 일컫는 무리가
발해를 건국합니다.
발해는, 당나라는 물론 일본과 활발한 무역을
해 많은 부를 쌓고 힘을 길렀습니다.
눈부시게 발전을 거듭한 결과 발해는
해동성국 곧 '동쪽에 있는 강하고
눈부신 나라'라는
명예로운 이름도 얻습니다.

대조영, 나라를 세우다

신라가 이룩한 반쪽 통일의 아쉬움을 달래 주는 건 바로 발해입니다. 고구려가 망한 지 30년 뒤, 드넓은 고구려의 영토를 무대로 발해는 세워졌습니다. 발해는 자신들이 고구려의 후손이라고 생각했으며, 한때 고구려 영토보다 더 큰 땅을 다스린 강대국으로 발전했습니다.

하지만 발해가 우리 역사가 된 건 그리 오랜 일이 아닙니다. 이상하지요? 고구려 후손이 세운 대제국 발해가 오랫동안 우리 역사가 아니었다니 무슨 소리일까요? 이 궁금증을 풀기 위해서는 발해를 세운 사람들이 누구인지 알아야 합니다.

발해를 건국한 사람은 고구려 출신 장수 대조영(?~719년)입니다. 그가 발해를 세울 수 있었던 데는 한 가지 행운이 따랐습니다. 고구려와 백제를 멸망시킨 당나라가 그 무렵 크게 흔들리고 있었던 것입니다. 당시 당나라는 발해가 세워진 만주 지방까지 신경 쓸 겨를이 없던 것이지요.

발해가 건국된 7세기 말, 당나라 조정에는 측천무후라는 여장부가 있었습니다. 측천무후는 당나라 고종의 정식 왕비인 왕 씨를 내쫓고 황후 자리에 오른 인물입니다.

욕심 많은 여장부인 측천무후는 고종이 죽은 뒤, 자신이 낳은 중종과 예종을 차례로 임금 자리에 올렸습니다. 하지만 그것도 성에 차지 않았던 측천무후는 직접 황제 자리에 올라 15년 넘게 중국을 다스렸지요. 이 과정에서 중국은 큰 혼란에 휩싸였고, 전국 곳곳에서는 반란이 일어났습니다.

대조영도 이런 혼란을 틈타 영주**지금의 조양**에서 거란족 이진충과 함께 반란을 일으켰습니다. 측천무후가 군대를 보내자 대조영은 동모산**지금의 길림성 부근**으로 탈출했습니다. 이때 대조영 곁에는 수많은 고구려 유민들과 말갈족이 함께하고 있었습니다.

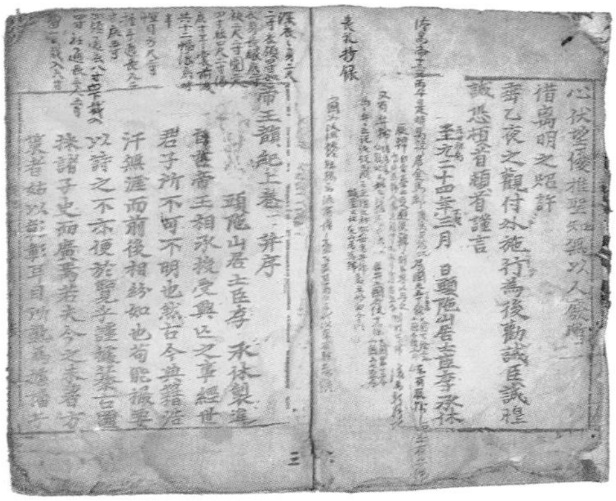

● **제왕운기**
고려 충렬왕 때 이승휴가 지은 역사책으로, 우리나라와 중국의 역사를 싣고 있다.

다행히 동모산 부근은 나라를 세우기에 알맞은 곳이었습니다. 698년, 대조영은 마침내 나라를 세우고 왕위에 올랐습니다. 고구려가 망한 지 30년만에 고구려 부활을 외치며 발해를 건국한 것입니다.

발해는 건국 직후부터 눈부시게 발전해 나갔습니다. 이미 대조영**고왕**이 살아 있을 때 옛 고구려 영토를 대부분 회복했고, 2대 무왕 때는 주변 여러 부족을 정복해 영토를 더욱 넓혀 갔습니다. 고구려가 건국된 압록강 중류와 송화강 유역부터, 한반도 동북부, 연해주에 이르는 거대한 땅이었지요. 특히 선왕(재위 818년~830년) 때는 당나라 땅이었던 요동**랴오둥** 지역까지 빼앗아 동북부 지방 전체를 다스리는 거대한 나라가 되었습니다. 고구려보다 더 넓은 영토를 다스리게 된 것이지요.

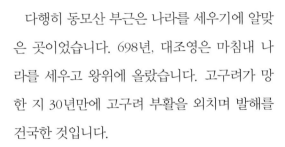

발해는 단순히 영토만 넓은 나라가 아니었습니다. 농사에 불리한 거친 땅이 많았던 발해는 무역에 힘을 쏟았습니다. 당나라는 물론 일본과 활발한 무역을 해 많은 부를 쌓고 힘을 길렀습니다. 눈부시게 발전을 거듭한 결과, 중국 사람들은 발해에 명예로운 이름을 지어 주었습니다. '해동성국' 즉 '동쪽에 있는 강하고 눈부신 나라'라는 뜻이었습니다.

발해의 역사가 잊힌 이유

해동성국으로 불릴 만큼 강한 나라였던 발해를 우리 역사로 인정한 건 그리 오랜 일이 아닙니다. 926년 거란족에게 패한 후 멸망한 발해는 까맣게 잊혔습니다. 발해가 다시 우리 역사에 등장한 건 멸망하고 무려 858년이나 지난 뒤였습니다. 1784년 조선 후기 학자 유득공이 『발해고』* 란 책을 통해 발해 역사를 자세히 소개한 것입니다.

유득공은 대조영이 고구려 후손이란 점과 발해가 고구려 땅에서 일어난 점을 들어 발해가 우리 역사라고 말했습니다. 하지만 이런 주장이 빛을 보기도 전에 우리나라는 일제 지배 하에 놓였지요. 한국의 빛나는 역사라면 무조건 싫어한 일본이 발해 역사를 인정할 리 없었습니다. 결국 발해는 1970~1980년대에 이르러서야 간신히 우리 역사가 되었습니다.

***발해고**
1784년에 유득공이 쓴 발해의 역사책이다. 유득공은 연암 박지원의 제자로 이덕무, 박제가와 함께 실사구시의 학문과 발전한 중국의 문물을 적극적으로 받아들여야 한다고 주장한 학자다.

하지만 발해 역사와 관련해서는 아직도 여러 가지 주장이 끊이지 않고 있습니다. 중국은 발해가 자기들의 역사, 때로는 말갈족의 역사 또는 만주의 역사라고도 말합니다. 러시아 역시 발해를 한국 역사라고 선뜻 인정하지 않습니다. 왜 이런 일이 생겼을까요?

바로 발해가 고구려 유민들만의 나라가 아니기 때문입니다. 발해의 지배층이 고구려 사람들이긴 했지만 백성들 대부분은 말갈 사람들이었습니다. 발해를 세운 대조영 역시 마찬가지입니다. 그가 고구려 사람인지, 말갈족 출신인지 의견이 엇갈리고 있기 때문입니다.

당나라에 관한 중국 역사책 『구당서』*나 『신당서』*에는 대조영을 말갈 사람이라고 밝히고 있습니다. 하지만 우리 역사책 『신라고기』나 『제왕운기』에는 고구려 장수라고 분명하게 적혀 있지요. 중국 사람들은, 대조영에 관한 중국 역사책의 주장을

***구당서**
10세기에 만들어진 중국 당나라 왕조의 정사를 말한다. 총 200권으로 구성되어 있다.

***신당서**
1044년~1060년에 걸쳐 완성된 중국 왕조의 정사를 말한다. 총 225권으로 구성되어 있으며, 구당서와 중복된 내용은 없애고 부족한 부분을 보충해 만든 것이다.

근거로 발해가 한민족의 역사가 아니라고 이야기하는 것입니다.

하지만 발해는 분명 우리 역사입니다. 발해 사람들은 나라가 세워질 때 자기 나라 이름을 '고려'라고 지었습니다. 또 일본 사람들은 발해 임금을 '고려왕'이라 부르기도 했지요. 발해 사람들은 물론 외국에서도, 발해를 '새로 들어선 고구려'로 인정하고 있었습니다.

발해의 문화유산도 이 사실을 뒷받침해 줍니다. 발해 3대 문왕의 딸들인 정혜 공주와 정효 공주의 묘는 고구려 무덤 형태를 고스란히 빌려온 것입니다. 발해 사람들이 자신의 뿌리가 고구려에 있다는 사실을 분명히 알고 있었다는 좋은 예지요.

발해와 통일 신라의 관계 속에서도 드러나는 사실이 있습니다. 두 나라는 늘 '누가 삼국의 진정한 계승자인가'를 놓고 경쟁을 벌였습니다. 그렇게 아웅다웅 다투면서도 위급한 상황이 닥쳐오면 서로에게 도움을 청하는 특별한 사이기도 했지요. 아무리 사이가 나빠도 급한 순간에는 우애를 나누는 형제들처럼 말입니다. 신라와 발해는 하나의 뿌리에서 갈라져 나온 2개의 가지처럼 서로를 대했습니다.

하룻밤 마무리

우리 역사를 빼앗기 위한 중국의 음모, 동북 공정

'동북 공정'이란 중국의 동북 지방, 곧 만주 지역에서 벌어진 모든 역사를 중국 역사로 만들기 위한 중국의 계획을 말합니다. 중국의 드넓은 영토에는 국민 대부분을 차지하는 한족뿐만 아니라 수많은 민족들이 모여 살고 있지요. 이런 중국은 자신의 영토 안에서 벌어진 역사는 어느 민족의 것이든 다 자기네 역사라고 말합니다.

중국이 동북 공정을 하는 이유는, 결국 한반도의 통일 이후를 대비하려는 의도입니다. 남한과 북한이 통일을 하면 한반도에 아주 강한 나라로 등장하게 됩니다. 또 중국의 간도와 만주 지방에는 조선 시대부터 터를 잡고 살아온 수많은 조선족 동포들이 있지요. 중국은 통일한 한국이 이들 동포와 손을 잡고 만주를 되찾으려 할까 봐 매우 두려워하고 있습니다. 그래서 벌써부터 만주의 역사가 자기네 역사라고 못 박아 두려 계획을 세우고 있는 것이지요.

만일 중국의 동북 공정이 성공한다면 우리나라는 어떻게 될까요? 고조선, 고구려, 발해를 잃고 반만년으로 알려진 우리 역사는 순식간에 2,000~3,000년의 반쪽 역사가 되고 말겠지요. 또 우리 민족의 영토도 통일 신라가 차지했던 대동강 남쪽까지만 인정을 받을 테고요. 결국 한반도 북쪽 지방마저도 중국 땅이 되는 것입니다.

말갈족은 우리 민족과 어떤 관계가 있을까?

말갈족은 한반도 동북부 지방과 만주를 무대로 살던 종족을 가리킵니다. 숙신, 읍루, 물길이라는 이름으로도 불렸지요. 대대로 사냥과 농사를 함께 하며 살아갔고, 문화가 발달하지 못하여, 부여나 고구려같은 우리 민족이 세운 나라의 지배를 받는 경우가 많았습니다. 이들은 활을 잘 쏘고 몸이 날쌔 고구려 병사로 큰 이름을 떨치기도 했지요.

고구려가 멸망한 뒤 말갈족은 두 갈래로 나뉘었습니다. 예전처럼 사냥을 하고 농사 짓는 생활로 되돌아간 사람들과 고구려와 운명을 같이해 발해를 세우는 데 힘을 합친 사람들로 말입니다. 말갈족은 나중에 여진족으로 이름을 바꿔 금나라를 세웠습니다. 중국의 마지막 왕조 청나라도 바로 이들, 여진족이 세운 나라지요.

그때 세계는

- 601년 돌궐족 9만 명, 수나라에 항복
- 632년 이슬람교 창시자 마호메트 죽음
- 650년 사라센, 당나라와 무역

698년~926년 | 발해의 문화

발해 사람들이 기독교를 믿었다고?

발해는 고구려 문화를 밑바탕으로 당나라, 신라, 일본 등과 활발하게 교류했습니다. 자신의 전통은 지키되 주변 나라들의 문화를 적극적으로 받아들인 발해는 독특한 문화를 만들 수 있었지요.

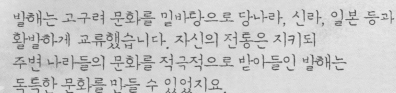

불상 목에 걸린 십자가 목걸이

'교회' 하면 제일 먼저 무엇이 떠오르나요? 예수 그리스도, 성경, 기도……. 그중 빼놓을 수 없는 것 한 가지는 교회 지붕 위에서 불을 밝히는 십자가가 아닐까요? 예수님이 십자가에 못 박혀 죽은 뒤부터 기독교의 가장 큰 상징은 바로 십자가가 되었습니다. 그래서 사람들은 '교회' 하면 '십자가', '십자가' 하면 '기독교' 하고 단박에 떠올리지요.

여기서 잠깐 엉뚱한 상상을 해 볼까요? 만일 십자가가 부처님을 믿는 절에서 발견된다면? 절에 모셔져 있는 불상**돌이나 금속으로 부처님의 모습을 본 떠 만든 것**이 아예 십자가 목걸이까지 하고 있다면? 신기하긴 하지만 좀 이상한 일이라고 생각이 들겠죠. 사람들은 자기가 믿고 있는 종교 외에는 별로 좋아하지 않는 경우가 많으니까요. 그래서 자신의 종교를 믿으라고 억지로 강요하다가 티격태격 다투거나 심하면 전쟁을 벌이는 경우까지 있습니다. 불상이 십자가 목걸이를 하고 있는 등의 이야기가 허무맹랑하게 들릴 수밖에 없는 이유도 그 때문입니다.

하지만 이 허무맹랑한 이야기가 거짓이 아닌 때도 있었습니다. 실제로 절터에서 십자가가 발견되고, 십자가 목걸이를 한 불상도 있었으니까요.

러시아의 블라디보스토크 지역에 있는 옛 절터에서 오래된 십자가가 발견되었고, 만주 지방 우순 유적지에서도 수백 점의 십자가가 발견되었습니다. 이뿐만이 아닙니다. 중국 동포들이 많이 살고 있는 길림성 훈춘의 한 절에서는 삼존불**가운데의 부처님 옆으로 문수보살과 보현 보살이 함께 있는 불상의 형태** 중 하나가 목에 십자가를 걸고 있는 것이 발견되었기 때문입니다.

이들 지역은 모두 한 가지 공통점을 갖고 있습니다. 바로 대제국을 건설한 발해 영토였다는 사실입니다. 블라디보스토크의 절터는 발해가 다스린 솔빈부의 한 지역이었고, 우순은 발해의 서쪽 지방이었지요. 또 훈춘은 한때 발해의 서울인 동경 용원부기도 했습니다.

그렇다면 발해 사람들 중에도 예수 그리스도를 섬긴 기독교인들이 있었던 걸까요? 대부분 우리나라에 기독교가 전해진 것은 기껏해야 200년 전쯤으로 알고 있습니다. 조선 후기 서양 선교사들이 전했다는 것이지요.

하지만 발해 사람들이 기독교를 믿었다면 이야기는 달라집니다. 우리 민족은 무려 1100년~1200년 전에, 이미 기독교를 접했거나 믿었다는 이야기니까요. 그런데 절에서 기독교를 믿다니 대체 이게 무슨 일일까요? 발해 십자가는 어떤 비밀을 숨기고 있는 것일까요? 정말 발해 사람들은 기독교를 믿었던 것일까요?

● **발해 그릇 받침**
고구려의 계통을 반영하고 있는 토기로 발해 최초의 그릇 받침이다.

발해 십자가는 '그들(?)'로부터 왔다!

이 비밀을 풀기 위해서 먼저 기독교 역사에 대해 간단히 살펴보지요. 예수 그리스도 죽음 이후 기독교인들은 많은 박해를 받아야 했습니다. 결국 수많은 사람들의 희생이 있은 후에야 로마 제국의 종교로 인정을 받을 수 있었지요. 하지만 그 뒤에도 하느님과 그리스도에 대한 생각의 차이로 사람들은 여러 갈래로 나뉘어 다투는 일이 계속되었습니다.

콘스탄티노플**지금의 터키 이스탄불**의 대주교였던 네스토리우스(?~451년)는 예수 그리스도가 반은 하느님이고 반은 인간이라 생각했습니다. 그리스도와 하느님이 하나라고 굳게 믿던 당시 사람들의 생각과는 달랐던 것이지요.

기독교 지도자들은 431년 종교 회의를 열어 네스토리우스와 그의 생각을 따르던 사람들을 이단**진실에 어긋나는 생각이나 행동**으로 낙인 찍었습니다.

네스토리우스는 이집트로 쫓겨났지만 자신의 믿음을 버리지 않았습니다. 오히려 세계 곳곳에 선교사들을 보내 자신의 생각이 옳다는 것을 보여 주려 했지요. 그가 보낸 선교사 무리 중 하나는 기나긴 여행 끝에 인도를 지나 중국에 도착했습니다. 당나라 태종 때인 635년이었습니다. 중국에서 경교라 불린, 네스토리우스파 기독교의 새로운 역사가 열린 것입니다.

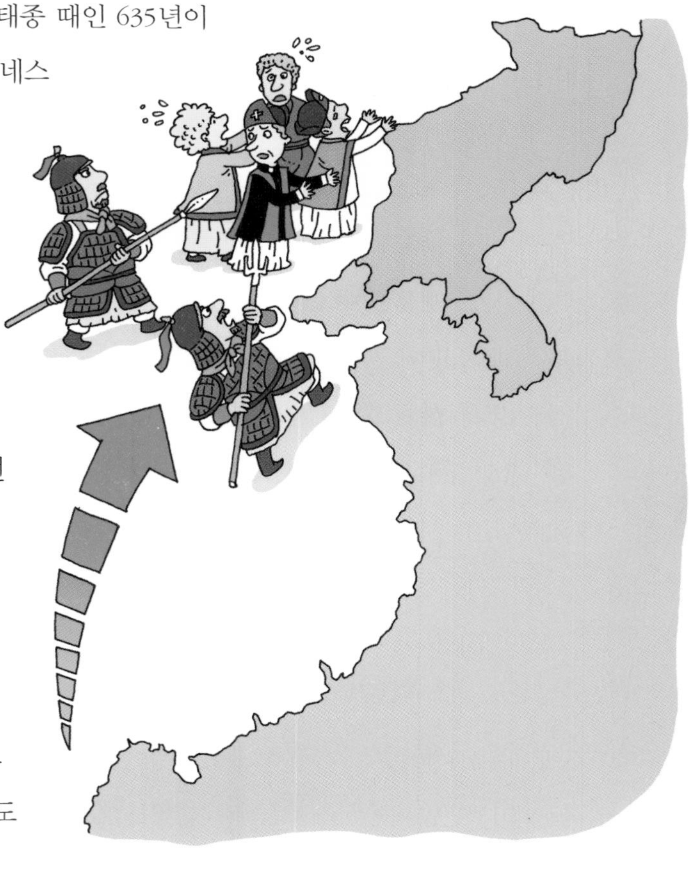

중국에 들어온 경교는 뜻밖에도 큰 환영을 받았습니다. 당나라 태종은 이들에게 땅을 내려 주고, 성경을 중국 글자로 번역하게 했으며 성탄절마다 수많은 선물을 주었지요. 그 뒤로도 무려 200여 년 동안 경교는 세력을 떨치며 수많은 사람들을 신자로 맞아들였습니다.

하지만 당나라 무종이 왕위에 오르자 상황은 크게 바뀌었습니다. 도

교를 믿던 무종은 불교, 경교, 이슬람교 등을 모두 없애려 했기 때문입니다. 이때 문을 닫은 절과 교회는 수만 개나 됐고, 수십만 명이 넘는 신도들이 자기 신념대로 종교를 믿지 못하게 되었습니다.

설 곳을 잃은 경교는 만주 지방을 비롯한 중국의 끄트머리 땅으로 쫓겨났습니다. 만주는 그 무렵 발해가 다스린 곳입니다. 발해의 십자가는 쫓겨난 경교 신도들이 전달한 것일 가능성을 보여 주는 대목입니다.

용광로 같았던 발해 문화

자, 우리는 발해 십자가가 숨기고 있던 비밀 하나를 풀게 되었습니다. 발해 사람들 가운데 예수 그리스도를 섬긴 사람이 있었을 거라는 사실도 짐작할 수 있게 됐지요. 하지만 여전히 풀리지 않는 궁금증이 있습니다. 왜 하필이면 불교와 관련한 유물 속에 십자가가 섞여 있느냐는 것입니다.

여기에는 2가지 이유가 있습니다. 하나는 경교 신도들이 자신들의 믿음을 퍼뜨리기 위해 사용한 선교 방법 때문입니다. 그들은 외국에서 온 낯선 종교를 외면하는 사람들의 마음을 돌리기 위해 불교를 이용했습니다. 그 무렵 발해에 깊이 뿌리를 내린 불교와 한데 섞이는 방법으로, 사람들의 거부감을 없애려 했던 것이지요.

하지만 더 큰 이유는 발해 사람들의 열려 있는 마음을 들 수 있습니다. 발해는 고구려 문화를 밑바탕으로 당나라의 발달한 문화를 받아들였습니다. 또 신라, 일본 등 여러 나라와 활발하게 교류하면서 그들 나라의 장점 역시 받아들였습니다. 한마디로 자신의 전통을 굳건히 하되 주변 나라들의 문화를 적극적으로 받아들여, 발해만의 독특한 문화를 만든 것이지요.

그런 면에서 볼 때 발해 문화는 커다란 용광로와 같다고 할 수 있습니다.

세상의 장점을 발해라는 그릇 안에 녹여 찬란한 문화를 꽃피웠으니까요. 발해 사람들은 내 것만을 고집하지 않고, 세상 많은 것들을 하나로 어우러지게 하는 독특한 재능을 가진 사람들이었습니다. 십자가를 목에 건 불상은 그런 발해 문화를 상징하는 대표 유물이었던 것이지요.

하룻밤 마무리

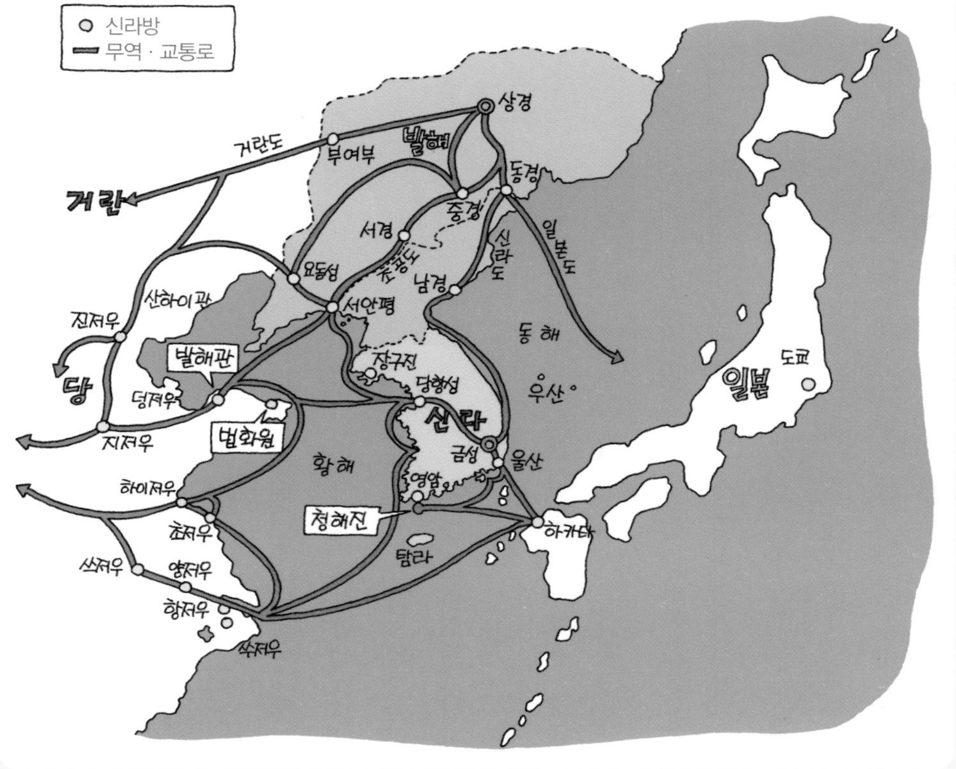

발해의 국제 교역로

발해가 다양한 문화를 받아들인 데에는 사방으로 뚫린 국제 교역로의 역할이 컸습니다. 국제 교역로란 다른 나라와 교류하고 무역을 하는 데 사용된 길이라는 뜻이지요. 이런 교역로는 크게 다섯 갈래가 있었다고 합니다.

※ 영주도 : 육지를 통해 당나라 서울인 장안으로 가는 길

※ 조공도 : 바다를 통해 당의 서울 장안으로 가는 길

※ 신라도 : 발해 남경에서 신라를 잇는 길

※ 일본도 : 바다를 통해 일본과 교역하던 길

※ 거란도 : 거란족을 비롯하여 북방에 있던 민족들과 교역하던 길

땅이 거칠어 농작물이 부족하던 발해는 이 다섯 개의 길을 통해 활발한 무역을 하고 막대한 돈을 벌었습니다. 하지만 이 길들은 무역뿐만 아니라 여러 나라의 문화가 오가는 문화 통로로, 발해 문화의 발전에 큰 영향을 미치기도 했습니다.

뭐, 신라에서도 기독교 흔적이 보인다고?

1956년, 우리나라에서 가장 유명한 절 중 하나인 경주 불국사에서 뜻밖의 유물이 발견됐습니다. 바로 돌로 만든 십자가가 발견된 것이지요. 또 경주의 신라 유적지에서도 쇠로 만든 십자가 모양의 장식품과 아기 예수를 안고 있는 성모 마리아상이 발견되었습니다.

당나라에서 힘을 떨친 경교는 신라에까지 영향을 미쳤습니다. 삼국 통일을 하고 당나라와 활발하게 교류했던 신라의 상황을 생각해 보면 당연한 일인지도 모릅니다. 하지만 이런 유물들이 나타났다 해서 신라 사람들이 기독교를 믿었다고 결론을 내릴 수는 없습니다. 학자들은 기독교 유물이 불교를 받아들이는 과정에서 함께 들어온 것이라고 생각하고 있습니다. 때문에 신라 사람들이 기독교를 믿었는지를 알기 위해서는 더 많은 유물을 발견하고 연구도 더 활발해져야 할 것입니다.

그때 세계는

- 675년 일본 최초의 천문대, 점성대 건설
- 712년 일본 최초의 역사책 『고사기』 편찬

617년~686년 | 원효 대사, 불교를 퍼뜨리다

으악, 깨달음을 준 게 해골물이었다고?

의상 스님과 당나라 유학길에 올랐던 원효 스님은 하룻밤 묵기로 한 동굴에서 깨달음을 얻었다고 합니다. 간밤에 달달하게 마신 물이 해골 물이란 것을 알고 그길로 유학을 포기했지요.
모든 것은 마음 먹기에 달렸다고 한 원효 스님을 만나 볼까요.

모든 것은 마음 먹기에 달렸느니라!

원효(617년~686년)는 불교가 융성한 삼국 시대와 남북국 시대를 통틀어 가장 유명한 스님입니다. 요즘말로 하면 '톡톡 튀는' 중이었습니다. 스님이면서도 결혼해 아들을 낳았고, 절에서 쫓겨났지만 후대까지 이름을 날린 유명한 스님이기 때문입니다. 이런 원효를 더욱 유명하게 만든 건 해골에 괸 물을 마시고 깨달음을 얻었다는 이야기입니다. 왜 해골 물을 마시게 됐느냐고요?

원효는 30대 때 당나라 유학길에 올랐습니다. 그 무렵 많은 스님들처럼 당나라로 가 선진 불교를 익히려 한 것이지요. 요즘으로 치면 미국 하버드 대학을 목표로 유학길에 올랐던 셈입니다. 뒷날 자신과 함께 큰스님으로 유명해진 의상과 함께 떠난 길이었습니다.

두 사람은 서해안 바닷가에 이르렀습니다. 오래 걸은 탓에 지쳐 있던 두 사람은 동굴 하나를 발견하고 그곳에 쓰러져 잠들었습니다. 원효는 자다가 목이 말랐지만 가진 물은 이미 떨어진 뒤였지요. 굴 속을 더듬던 원효의 손에 둥근 바가지 하나가 닿았습니다. 게다가 바가지 안에는 물도 담겨 있었습니다. 원효는 시원하게 물을 들이켜고 도로 단잠에 빠졌지요.

그런데 아침이 되어 보니, 간밤에 마신 물은 해골에 괸 더러운 물이었습니다. 깜짝 놀란 원효는 뱃속에 든 것을 모두 토해 냈습니다. 하지만 그러는 동안 원효는 깨달음을 얻을 수 있었습니다. '모든 것은 마음 먹기 나름'이라는 것이었죠. 모르고 마셨을 때는 해골 속 더러운 물도 달고 시원하게 느껴지지만, 알고 나서는 구역질을 하고 마는 게 사람 마음입니다. 똑같은 물도 어떤 마음을 먹느냐에 따라서 전혀 다른 물이 될 수 있다는 것입니다.

원효는 당나라 유학을 포기했습니다. 어떤 마음으로 공부할 것인가가 중요하지 어디서 공부하느냐는 중요하지 않았기 때문입니다. 원효는 의상을 혼자 떠나보내고 신라로 되돌아왔습니다. 그러고는 가난한 백성들이 사는 거리로 나서 불교를 전하기로 했습니다. 정말 멋진 깨달음이지요?

원효와 함께 춤을!

원효는 왜 하필 가난한 백성 속으로 들어갔을까요? 가난한 백성들 틈에 있어 봐야 먹고 살기도 힘들었을 텐데 말입니다. 물론 여기에는 원효의 깊은 뜻이 숨어 있습니다.

그 무렵 신라의 불교는 귀족들을 위한 불교로 변해 가고 있었습니다. 절을 크게 짓고 스님들이 편안히 살아가는 데 귀족들이 많은 도움을 주었기 때문입니다. 그래서 많은 스님들이 가난한 백성들은 거들떠보지도 않았습니다. 정작 부처의 도움이 필요한 건 고통 받는 백성들이었는데도 말입니다.

그들과는 반대로 원효는 귀족들만을 위한 불교는 진정한 불교가 아니라고 생각했습니다. 그래서 귀족들의 품을 떠나 백성들 속으로 들어간 것이지요.

어느 날 원효는 우연히 만난 광대에게 큰 바가지 하나를 얻었습니다. 원효는 그 바가지에 "일체무애인**어떤 것에도 마음을 사로잡히지 않는 사람**은 한 길로 생사를 벗어난다."는 글귀를 적어 넣었습니다. 욕심을 버리고 마음을 비우면 삶과 죽음의 고통에서 벗어날 수 있다는 말이었습니다.

원효는 '무애가'란 노래를 만들었습니다. 거리에서 무애가를 부르며 무애춤도 추었습니다. 가난하고 못 배운 이들이 가장 쉽게 불교를 접할 수 있는 방법이 노래와 춤이기 때문입니다.

또 원효는 아무리 못 배운 사람이라도 '나무아미타불**부처님의 품으로 돌아간다**'이라는 구절만 외면 극락정토**불교에서 말하는 천국**에 갈 수 있다고 말했습니

다. 그러자 많은 사람들이 나무아미타불을 외우고 부처님을 믿게 되었습니다. 이런 원효의 생각은 오랜 전쟁에 지쳐 있던 백성들의 마음에 큰 희망과 위로를 주었습니다.

원효는 150권이 넘는 책을 지은 뛰어난 학자기도 했습니다. 원효의 책은, 신라는 물론 중국까지 전해져 불교 발전에 큰 영향을 미쳤습니다. 그렇듯 원효는 가난한 백성을 위해 한평생을 살며 불교 발전에 큰 공을 세운 우리나라의 대표적인 스님입니다.

참, 원효 스님이 결혼을 했다는 건 무슨 말이냐고요? 원효는 불교를 전하러 다니며 이런 노래를 지어 부른 적이 있지요.

"누가 자루 없는 도끼를 빌려 주겠는가? 나는 하늘을 떠받칠 기둥을 찍으련다."

그 무렵 임금인 무열왕은 이 노래를 듣고, 원효가 귀부인을 얻어 아들을 낳겠다는 것으로 생각했습니다. 원효의 뛰어난 됨됨이를 알고 있었던 무열왕은 원효와 요석 공주를 만나게 해 주었지요. 원효는 요석 공주에게 아들을 얻었습니다. 한글이 창제되기 전 우리 민족의 글자 노릇을 한 이두를 만든 대학자 설총이 바로 원효의 아들입니다.

하룻밤 마무리

당나라로 함께 떠났던 의상은 어떤 스님일까?

의상(625년~702년)은 원효와 함께 신라를 대표하는 위대한 스님입니다. 신라 왕족으로 태어난 의상은 19살 때 스님이 되었습니다. 원효와 함께 당나라로 떠났던 의상도 원효와 헤어진 뒤 고구려 병사에게 붙잡혀 다시 신라로 되돌아와야 했습니다. 하지만 그로부터 10년 뒤 중국으로 돌아가는 당나라 사신의 배를 타고 마침내 뜻을 이루게 되었지요.

『삼국유사』에는 의상이 신라로 돌아온 이유가, 당나라 고종의 신라 침략을 알리기 위해서라고 쓰여 있습니다. 신라로 돌아온 뒤 의상은 많은 절을 짓는 한편 뛰어난 제자들도 길러냈습니다. 의상의 제자는 3,000명에 이를 정도였다고 하며, 그중에서도 오진, 직통, 표훈 등 10명의 제자가 특히 뛰어났다고 합니다. 의상의 불교 사상은 신라뿐 아니라 중국에도 널리 알려져 중국 불교 발전에도 큰 영향을 끼쳤습니다.

설총은 이두를 어떻게 발명했을까?

이두는 한자의 음과 훈뜻을 새겨 우리말을 표현한 방법을 말합니다. 가령 '선화 공주님은' 이란 말을 이두로 표시하면 '善花公主主隱 선화공주주은' 이 됩니다. 여기서 공주 뒤의 '주'는 '님'을 뜻하는 말입니다. 또 '은(隱)' 은 원래 '숨기다'는 뜻을 가진 한자지만 '(공주님)~은(는)' 이란 말을 표시하기 위해 한자에서 음을 빌려온 것이지요.

이두는 삼국 시대에 발달하여 통일 신라를 거쳐 19세기 말까지 사용했습니다. 설총은 이두를 발명했다기보다는, 그때까지 쓰인 이두를 총정리하여 더욱 쓰기 편하게 만든 일을 했습니다.

세종 대왕이 한글을 만든 것은, 결국 이두가 우리말을 완벽하게 표현하는 데 불편했기 때문입니다. 그래서 한글이 만들어진 이후 차츰 이두를 쓰지 않게 되었습니다.

- 756년: 안록산의 반란으로 당나라 현종 피난 감. 양귀비 죽음
- 771년: 카를 대제, 프랑크 왕국 통일
- 800년: 멸망했던 서로마 제국 다시 부활. 카를 대제 왕위에 오름
- 826년: 사라센, 그리스의 크레타 섬 점령
- 846년: 베르사이유 조약으로 프랑크 왕국이 3개 나라로 쪼개짐

800(?)년~846년 | 신라를 무역 강국으로 키운 장보고

바다의 왕 장보고는 부하의 손에 죽었다

신라 백성에서 당나라 장수로, 다시 청해진을 세운
무역왕으로 살다간, 우리 역사 속에서 가장 파란만장한 삶을 산 사람 장보고!
신라는 물론 아시아 최고의 해상왕으로 알려진 장보고는 어쩌다
역사책에서조차 사라질 뻔한 것일까요?

파란만장한 삶을 살다 간 장보고

우리 역사 속에서 가장 파란만장한 삶을 산 사람, 아마도 장보고만큼 이 말에 어울리는 인물도 없을 것입니다. 신분이 낮은 신라 백성에서 당나라 장수로, 다시 청해진을 세운 무역왕에서 나라의 역적으로 천당과 지옥을 몇 번씩이나 오간 사람이었지요.

이런 장보고는 중국 사람들이 아니었다면 역사 속에서 사라질 뻔했습니다. 당나라 시인 두보는 당나라 벼슬아치로 일하던 장보고를 뛰어난 인물이라고 평가했습니다. 당나라의 역사책 『신당서』에는 두보의 말을 그대로 옮겨 놓았지요.

또한 『삼국사기』를 지은 김부식은 장보고를 일컬어 이렇게 말한 바 있습니다.

"장보고는 의리가 있고 용맹한 사람이지만 중국의 역사책이 아니었다면 그 발자취가 사라져 위대함이 알려지지 못할 뻔했다."

이처럼 신라는 물론 아시아 최고의 해상왕으로 알려진 장보고가 어쩌다 역사책에서 사라질 뻔한 것일까요? 아마도 신라 역적으로 처형을 당한 그의 최후가 그렇게 만든 게 아닐까요?

장보고가 꾸었던 거대한 꿈

장보고는 어릴 때 '궁복', '궁파'라 불렸습니다. 모두 '활을 잘 쏘는 사람'이라는 뜻이지요. 이런 이름을 통해 장보고의 신분이 매우 낮았다는 사실을 알 수 있습니다. 장씨라는 성도 그렇습니다. 그의 성은 부모에게 물려받은 게 아닙니다. 청년 시절을 보낸 중국에서 흔하게 사용한 성을 빌려 왔을 뿐이지요.

우리는 신라의 엄격한 골품 제도를 잘 알고 있습니다. 뛰어난 재주를 가졌지만 골품제 때문에 벼슬을 할 수 없는 청년들은 대부분 당나라로 건너갔습니다. 장보고도 마찬가지였습니다. 당나라 군대에 들어간 장보고는 큰 공을 세우고 무령군의 중소장이란 벼슬에 오르게 됩니다. 이 벼슬은 당나라 안에서도 꽤 높은 벼슬이었습니다.

하지만 장보고는 곧 신라로 되돌아오기로 결심합니다. 무엇 때문에 당나라의 높은 벼슬을 버리고 자신을 버린 신라로 되돌아왔을까요? 바로 신라인에 대한 깊은 사랑 때문이었습니다.

그 무렵 우리나라 서남쪽 바다에는 중국 해적이 들끓었습니다. 이들은 시도 때도 없이 뭍으로 올라와 신라인들을 잡아 갔습니다. 그러고는 비싼 값을 받고 노예로 팔아 넘겼습니다.

● **청해진 유적지**

청해진은 장보고가 지금의 전라남도 완도에 설치한 진으로, 중국과 일본 사이 중계 무역의 요충지였다. 장보고는 청해진을 중심으로 해적을 소탕하고 해상권을 쥐고 있었다. 사진은 현재 남아 있는 청해진 유적이다.

장보고는 당나라에 있을 때 노예로 팔려 온 신라인들을 보고 늘 가슴 아파했습니다. 그래서 신라 바다에 강력한 해군 기지를 만들어 해적들을 무찌를 계획을 세웠습니다.

신라로 돌아온 장보고는 828년 흥덕왕에게 청해진**지금의 완도**에 해군 기지를 만들어 달라고 요청했습니다. 하지만 이미 기울어진 신라 왕실은 장보고에게 아무런 도움도 줄 수 없었습니다.

장보고는 혼자서 이 일을 해내기로 결심했습니다. 인근 지역의 백성들을 모아 병사 훈련을 시켰고, 어렵게 재물을 모아 기지를 만들고 누구도 넘볼 수 없는 요새로 탈바꿈시켰습니다. 이를 바탕으로 해적 소탕에 나서 다시는 신라 땅에 발붙일 수 없도록 만들었습니다. 그 뒤로 신라인들이 마음 놓고 바다와 뭍을 드나들 수 있게 된 건 물론입니다.

하지만 장보고는 더 크고 원대한 꿈이 있었습니다. 청해진을 국제적인 무역 중심지로 만드는 것이었습니다. 중국과 일본은 물론 동남아시아, 나아가 아라비아의 상인들까지 마음 놓고 드나드는 바다 무역의 기지로 만들겠다는 것이 그의 목표였습니다.

장보고의 계획은 착착 이루어져 나갔습니다. 해적들이 사라져 안전한 무역 항구로 중국과 일본의 배들이 드나들기 시작했습니다. 곧이어 신라와 중국, 일본과 무역을 하고 싶어 하던 동남아시아 무역선들이 아주 먼 곳에서 찾아오기 시작했습니다. 장보고의 꿈대로 청해진은 아시아 최대 무역 항구로 자리를 잡아 나갔습니다.

장보고는 강한 군대를 바탕으로 여러 나라의 무역선을 안전하게 보호해 주었고, 직접 무역에도 참가해 많은 재산을 모았습니다. 이로써 그의 힘은 누구도 넘볼 수 없을 만큼 커졌습니다.

부하의 손에 어이없이 죽은 장보고

그런 장보고의 힘을 신라 귀족들이 가만 놔둘 리 없었습니다. 때마침 신라 왕실은 누가 왕이 될 것인가를 놓고 한바탕 난리를 치르고 있었습니다. 목숨을 건 싸움이 벌어지고 있었지요.

어느 날 김우징이라는 사람이 청해진으로 찾아왔습니다. 다른 귀족들과 싸워 패한 뒤 장보고에게 도움을 청하러 온 것이지요. 장보고는 그를 도와 경주로 쳐들어갔습니다. 만일 경주에서 일어나는 일을 모른 척했더라면 그는 오랫동안 청해진을 이끌며 이름을 날릴 수 있었을 것입니다. 하지만 그는 정치에 뛰어 들어 어지러운 나라를 바로잡고 싶은 마음이 굴뚝같았습니다. 그것이 비극을 앞당길 줄은 미처 몰랐던 것이지요.

장보고는 김우징이 임금 자리에 오르는 데 큰 공을 세웠습니다. 그가 바로 신무왕입니다. 그 뒤 장보고는 청해진을 부하 정년에게 맡기고 아예 경주로 올라왔습니다. 장보고의 도움을 받은 신무왕은 임금이 된 지 1년 만에 죽고 말았습니다.

장보고는 다시 문성왕을 왕위에 세우는 데 공을 세웠습니다. 문성왕은 장보고를 오늘날의 해군 참모총장과 같은 진해 장군으로 임명했습니다. 이때만 해도 장보고의 앞길에는 거칠 것이 없어 보였습니다.

하지만 장보고의 이런 성공은 다른 귀족들의 시새움을 살 수밖에 없었습니다. 굴러온 돌이 박힌 돌을 뺀다고 느닷없이 나타난 장보고가 모든 공을 독차지했기 때문입니다.

문성왕은 장보고의 딸을 자신의 두 번째 왕비로 맞으려 했지만, 장보고를

미워한 귀족들은 거세게 반대했습니다. 그들은 신분이 낮은 장보고의 딸이 왕비가 될 수는 없다고 주장했습니다. 장보고가 왕의 장인이 되면 더욱 힘이 강해질 것을 염려했던 것입니다. 이렇게 하여 장보고와 귀족들의 사이는 더욱 나빠지게 되었습니다.

장보고를 눈엣가시처럼 미워했던 귀족들은 흉계를 꾸몄습니다. 장보고와 정면으로 싸우는 대신 몰래 죽이기로 한 것입니다. 어느 날 장보고의 집에 한때 부하로 일한 염장이 찾아왔습니다. 두 사람은 즐겁게 술을 마셨지만 장보고가 술에 취해 정신을 잃자, 염장은 숨겨온 칼을 꺼내 들었습니다. 그는 귀족들이 보낸 자객**사람을 몰래 죽이는 일을 전문으로 하는 사람**이었던 것입니다.

청해진을 만들어 바다에 대제국을 건설한 장보고. 신라뿐 아니라 중국과 일본에도 이름을 드높였던 영웅의 최후는 그렇듯 어이없었습니다. 장보고의 죽음과 함께 주인을 잃은 청해진 역시 찬란함을 잃고 역사 속으로 사라지고 말았습니다.

하룻밤 마무리

청해진과 오늘날의 무역 항구

오늘날 국제적인 무역 항구에서는 아주 많은 일이 이루어집니다. 무역을 하려면 상품이 있어야 하므로 항구 주변에는 큰 공장들이 많이 세워졌고, 선원들이 머물거나 무역을 하는 데 필요한 수많은 서비스 시설도 잘 갖추어 놓았지요.

청해진도 마찬가지입니다. 이곳에는 무역뿐만 아니라 국가 간 외교를 위한 시설까지 갖추어져 있었습니다. 무역 상품을 만들고 옮기기 위한 시설뿐 아니라 배를 만들고 고치기 위한 공장도 있었습니다. 청해진에 들어오는 여러 나라 사신들과 선원들을 먹이고 재울 수 있는 시설, 통역, 선원의 훈련, 종교 행사를 위한 시설 등도 모두 있었답니다.

또 청해진에 머물거나 무역을 하는 배들을 안전하게 보호하기 위해 1만 명이나 되는 병사들이 눈을 번뜩이고 지키고 있었습니다. 한마디로 요즘의 국제 무역 항구와 비교해도 뒤떨어지지 않는 뛰어난 서비스를 자랑했던 것입니다. 청해진을 해상 제국이라 부른 것은 이처럼 큰 규모와 완벽한 시설 때문입니다.

장보고가 없는 청해진

장보고가 죽자 그의 부하들은 청해진을 되살리기 위해 끊임없이 노력했습니다. 대표적인 인물이, 신라 조정에 반대하며 반란을 일으킨 이창진이란 사람이지요. 하지만 그의 노력은 염장이 이끌고 온 신라 조정의 군대에 가로막혀 실패로 끝납니다. 염장은 이창진이 일본에 보낸 청해진의 무역선과 장보고의 부하를 되돌려 달라고 일본 정부에 요청한 일도 있지요. 하지만 일본 정부의 거부로 뜻을 이루지는 못했습니다. 청해진은 결국 851년(문성왕 13년) 남아 있던 백성들을 벽골군으로 옮긴 뒤 역사 속으로 사라졌습니다.

- 870년: 프랑크 왕국이 이탈리아, 동프랑크, 서프랑크로 나뉨
- 888년: 사라센, 이탈리아의 플로랑스 지역 점령
- 907년: 중국, 당나라 멸망. 5대10국 시대 시작됨
- 915년: 영국, 케임브리지 대학 세움

901년~918년 | 후고구려의 건국과 멸망

버려진 신라의 왕자에서 후고구려의 왕으로

공예는 후고구려를 세운 왕입니다. 공예에 대한 평가는 다양합니다. 누더기를 입은 포악한 애꾸눈 왕, 부하들의 사랑을 받은 지혜로운 왕. 공예의 진짜 모습은 무엇일까요?

정말 궁예는 포악한 왕이었을까?

몇 해 전 텔레비전에서 〈태조 왕건〉이란 드라마를 방송한 적이 있습니다. 통일 신라의 힘이 약해지고 우리 역사가 '후삼국 시대'에 들어섰을 때의 이야기입니다. 후삼국 시대란 통일 신라 말고도 후고구려, 후백제가 세워져 우리나라가 다시 세 개의 나라로 갈라진 때를 말합니다.

궁예(?~918년. 후고구려왕 901년~918년)는 바로 후고구려를 세운 왕입니다. 그런데 드라마는 궁예를 아주 재미있는 인물로 그리고 있습니다. 스님처럼 빡빡 깎은 머리, 더덕더덕 기운 누더기, 애꾸눈을 가린 검은 안대, 게다가 성격은 왜 또 그렇게 포악한지요. 닥치는 대로 사람을 죽이는 폭군 중의 폭군으로 등장합니다.

실제로 역사책을 보면 궁예는 임금 자리에서 쫓겨난 뒤 곡식을 훔쳐 먹다가 돌에 맞아 죽었다고 나와 있을 정도입니다.

● **삼악 산성지**

궁예가 철원에서 왕건에게 패한 후, 이곳에 성을 쌓아 피신처로 이용했다는 전설이 전해 온다.

하지만 그에 관한 전혀 다른 이야기도 있습니다. 포악하기는커녕 뛰어난 지도력으로 백성들을 다스린 지혜로운 왕이라는 설이지요. 고려는 궁예를 몰아낸 왕건이 세운 나라입니다. 고려 때 만들어진 역사책 『삼국사기』에도 "궁예는 부하들과 함께 즐거움과 괴로움을 나누고, 벼슬을 내리고 빼앗는 일도 언제나 공명정대하게 했다. 그래서 사람들은 그를 사랑하고 떠받들어 장군으로 모셨다."는 구절이 있습니다.

실제로 궁예가 남긴 업적도 이와 비슷합니다. 그는 사람들의 마음을 사로잡는 재주가 뛰어나 경기도, 강원도, 충청도 일대에 있던 수많은 호족**지방을 다스리던 지도자**들이 대부분 그에게 충성을 맹세할 정도였다고 합니다. 궁예가 한때 우리나라 영토의 3분의 2를 차지할 수 있었던 건 그 때문이지요. 누더기를 입은 포악한 애꾸눈 왕과 부하들의 사랑을 받은 지혜로운 왕, 진실은 어디에 있을까요?

부하 복이 없었던 궁예

궁예는 원래 신라의 버려진 왕자입니다. 당시 신라 귀족은 서로 왕이 되려고 치열하게 다투고 있었지요. 궁예가 애꾸눈이 된 것도 그 때문입니다. 아직 어린 아기였던 궁예를 탈출시키려고 한 궁녀가 궁궐 담장 밖으로 궁예를 던진 것입니다. 하지만 받는 사람이 그만 실수로 궁예의 눈을 손가락으로 찌르고 말았던 것이지요.

궁궐에서 빠져나온 궁예는 오랫동안 절에 들어가 숨어 살았습니다. 하지만 어른이 되자 큰 뜻을 품고 다시 세상에 나왔습니다. 큰 인물이 되어 어지러운 세상을 구하겠다는 꿈을 안고서 말이지요.

궁예가 세상에 나와 처음 만난 사람은 양길의 무리였습니다. 이들은 정식 군대가 아니라 떠도는 도둑들이었습니다. 당시 먹고 살기 힘들었던 많은 백성들이 방방곡곡 떠돌며 도둑질을 하고 있었는데, 양길은 그런 도둑들 중 큰 무리를 이끌던 두목인 셈입니다.

궁예는 점차 세력을 키워 양길을 몰아내고 그 무리들을 부하로 거느렸습니다. 오랫동안 절에 머물렀던 궁예는 승려**불교의 스님**들의 도움도 얻을 수 있었습니다. 궁예는 이들의 도움에 더불어 강원도, 경기도 등 중부 지역에 살던 호족들의 힘을 더해 후고구려를 세웠습니다.

하지만 오래지 않아 큰 문제가 드러났습니다. 후고구려는 아직 불안정한 나라였습니다. 호족들이 충성을 맹세했지만, 잠깐이라도 틈을 보이면 배신을 당할 수도 있었습니다. 그들을 억누르려면 임금인 궁예 자신이 아주 강한 힘을 가져야 했습니다. 하지만 승려와 도둑 출신 부하들을 이끌고는 힘에 겨운 일이기도 했습니다. 더 능력 있는 부하들을 쓰고 싶어도 이미 큰 공을 세운 지금의 부하들을 쫓아낼 수도 없는 노릇이었습니다.

그러는 사이 송악**개성**에서 활약하고 있던 왕건을 비롯한 호족들이 궁예의 밑으로 모여 들었습니다. 교육을 잘 받고 많은 재물과 병사들을 가진 이들은 궁예를 따르고 있는 지금의 부하들과는 달랐습니다. 이렇듯 두 갈래로 나뉜 부하들은 서로 가까이 하지 못하고 사사건건 부딪쳤지요.

이들을 화해시킬 수 없었던 궁예는 난처한 상황에 빠졌습니다. 그러는 사이 호족들의 불만도 더욱 높아 갔습니다. 왕건은 이런 호족들을 모아 금

방 큰 힘을 갖게 되었지요. 결국 궁예는 자신에게 충성을 다짐했던 새로운 부하 왕건에게 내쫓기게 됩니다. 폭군이라서가 아니라 똑똑한 부하들의 도움을 얻지 못해서 일어난 비극이었습니다.

궁예가 백성들의 돌에 맞아 죽었다는 이야기도 비슷하게 생각해 볼 수 있습니다. 그 무렵은 이미 왕건이 세상의 주인이 된 때입니다. 궁예를 죽여 큰 상을 받고 싶어한 백성들은 한때 우러러 모시던 왕에게 비참한 최후를 선물한 것입니다.

하룻밤 마무리

궁예가 없었으면 고려도 없었다?

궁예는 사람 대접조차 받지 못한 불쌍한 백성들을 위해 세상을 바꾸려 했다는 평가를 받기도 합니다. 결국 궁예는 그가 힘을 빌려야 했던 호족 세력들과 싸워 패배하고, 뜻을 이루지 못하게 된 셈이지요. 하지만 그가 남긴 업적은 그대로 남아 고려가 발전하는 데 큰 도움을 주었습니다.

궁예는 골품제로 고통 받은 많은 인재들에게 큰일을 할 수 있는 기회를 마련해 주었고, 나라의 제도를 잘 정비해 놓기도 했습니다. 그가 마련한 제도는 고려로 이어져 고려 건국 초기의 혼란을 극복하는 데 큰 도움을 주었습니다. 고려는 태봉**911년 궁예가 후고구려에서 바꾼 나라 이름**이 사용하던 광평성, 내봉성, 순군부, 병부라는 제도를 그대로 이어 받았던 것이지요.

궁예가 없었으면 고려도 없었다는 말은 과장입니다. 하지만 왕건이 고려를 이끌어 가는 데 궁예로부터 엄청난 도움을 받았다는 사실만큼은 누구도 부정할 수 없을 것입니다.

- 916년 거란족, 요나라 세움
- 927년 일본에서 고대 왕실이 지켜야 할 법도를 담은 『연희식』 편찬
- 932년 알베리크 백작, 로마 지배자가 됨

900년~936년 | 후백제의 건국과 멸망

다 잡은 물고기를 놓친 견훤

견훤은 신검, 양검, 용검, 금강이라는 네 아들이 있었습니다.
그 중에 넷째인 금강을 유독 아끼고 사랑했지요.
견훤의 자식 편애는 나라의 질서를 무너뜨리는 결정적 원인이 되었습니다.
아버지와 아들 간에 배신과 배신이 되풀이되자 후백제는 멸망합니다.
견훤은 자신이 세운 나라를 스스로 무너뜨린
비운의 주인공이 되고 말지요.

지렁이를 아버지로 둔 견훤

광주 북촌에 한 부자가 살았는데, 그에게는 아름다운 딸이 있었습니다. 하루는 그 딸이 아버지에게 말했습니다.

"밤마다 자주색 옷을 입은 남자가 저의 침실을 찾아옵니다."

이상하게 여긴 아버지는 딸에게 말했습니다.

"긴 실에 바늘을 꿰어 그 남자의 옷에 꽂아 두어라."

그날 밤에도 어김없이 자주색 옷을 입은 남자가 찾아왔습니다. 딸은 아버지 말씀대로 실을 꿴 바늘을 남자의 옷에 꽂았습니다. 날이 밝자 아버지와 딸은 실을 따라가 보았습니다. 그랬더니 한 동굴 속에 커다란 지렁이가 누워 있는 게 보였습니다. 물론 지렁이 몸에는 실이 달린 바늘이 꽂혀 있었지요. 그 뒤 부잣집 딸은 아이를 배어 사내아이를 낳았습니다. 그가 바로 후백제를 세운 견훤(867년~936년) 입니다.

견훤에 관한 이야기는 또 있습니다. 농사를 짓던 견훤의 부모가 일을 하기 위해 아이를 수풀 아래 두었는데, 호랑이가 나타나 젖을 물려 주었다는

것입니다. 물론 견훤이 지렁이의 아들이고, 호랑이 젖을 얻어먹었을 리는 없습니다. 하지만 우리는 이미 이런 이야기에 익숙합니다. 주몽이나 박혁거세처럼 한 나라를 세운 영웅들은 대부분 신비한 전설을 갖고 있다는 사실을 앞서 배웠으니까요. 그만큼 견훤은 뛰어난 능력을 가진 영웅이었습니다. 실제로 견훤은 후삼국을 통일하는 데 가장 가깝게 다가갔다가, 아깝게 실패하고 만 인물이기도 합니다.

다 잡은 물고기를 놓친 견훤

농민의 아들로 태어난 견훤은 신라 군대에 들어갔습니다. 거기서 큰 공을 세워 비장이라는 벼슬에 오르기도 했습니다. 그 무렵 신라 백성들은 삶의 터전을 잃고 도둑이 되거나 전국 방방곡곡을 떠돌아 다녔습니다. 똑똑한 청년들은 벼슬아치가 되는 것보다, 이들을 불러 모아 자신의 군대를 만드는 길을 택했습니다. 견훤도 마찬가지였습니다. 벼슬을 버리고 자신의 군대를 만들어 세상을 바로잡으려 했던 거지요. 지혜롭고 용맹스런 견훤 밑에는 곧 많은 병사들이 몰려 들었습니다. 오래지 않아 견훤은 후고구려의 궁예와 맞설 만한 힘을 갖게 되었습니다.

견훤은 892년 무진주**지금의 광주**를 공격한 뒤 900년에는 완산주**지금의 전주**를 점령했습니다. 이곳에 도읍을 정하고 나라를 세웠습니다. 견훤의 나라는 지난날 백제가 영토로 삼았던 충청도와 전라도 지방이었습니다. 견훤은 새로 세운 나라의 이름을 후백제라 부르기로 했습니다.

견훤의 뛰어난 능력에 힘입어 후백제는 나날이 발전했습니다. 견훤은 6두품 출신으로 벼슬에 오르지 못한 인재들을 나라 안으로 불러들였고, 농사 기술을 발달시켜 나라 살림을 풍족하게 만들기도 했습니다. 옛 백제의

제도를 흉내 내 왕족들을 지방으로 보내 그곳을 다스리게 했습니다. 견훤의 이런 노력 덕분에 후백제는 궁예를 쫓아 낸 고려의 왕건을 앞지르고 후삼국 통일을 코앞에 두게 되었습니다.

하지만 이 무렵 견훤은 큰 잘못을 저지르고 말았습니다. 그로 인해 눈앞에서 펄떡이는 삼국 통일이라는 물고기까지 놓쳤지요. 견훤이 저지른 잘못은 과연 무엇일까요?

그놈의 아들들 때문에!

견훤은 신검, 양검, 용검, 금강이라는 네 아들이 있었습니다. 견훤은 그중에서도 넷째인 금강을 유독 아끼고 사랑했습니다. 신검, 양검, 용검과 달리 금강은 새 부인과의 사이에서 태어난 아들이었지요. 금강을 특별히 아낀 견훤은 그를 세자 자리에 앉혔습니다. 맏아들을 놔두고 막내에게 나라를 물려주겠다는 뜻이었습니다. 자식을 편애하다가 나라 질서를 스스로 무너뜨리고 만 것이지요.

당연히 자기가 세자가 될 줄 알았던 신검은 분통을 터뜨렸습니다. 사랑하는 아버지에게 배신을 당한 신검은 복수를 결심했습니다. 남몰래 반란을 준비한 신검은 마침내 군사를 일으켜 금강을 죽여 버렸지요. 그러고는 아버지 견훤까지 절에 가두고 자신이 왕위에 올랐습니다. 아버지의 배신에 똑같이 배신으로 앙갚음한 것입니다.

사랑하는 막내아들을 잃고 나라까지 잃은 견훤은 간신히 절을 탈출했고, 한때 자신과 목숨을 걸고 싸운 왕건에게 항복했습니다. 뜻밖에도 왕건은 견훤을 따뜻하게 맞아 주었습니다. 견훤은 자신을 내쫓고 왕 자리를 빼앗은 맏아들 신검을 도저히 용서할 수 없었습니다. 결국 왕건을 도와 신검을 공격했지요.

아직 젊은 신검은 전쟁터에서 평생을 살아온 노련한 두 장군을 당해낼 수가 없었습니다. 마침내 후백제는 고려의 손에 멸망했습니다. 자신이 세운 나라를 스스로 무너뜨린 비운의 주인공이, 견훤의 운명이었습니다.

하룻밤 **마무리**

신라왕이 스스로 목숨을 끊은 게 견훤 때문이라고?

경애왕(재위 924년~927년)은 신라 제55대 왕입니다. 그가 신라를 다스리고 있을 때 고려와 후백제는 치열한 전쟁을 벌였습니다. 경애왕은 틈만 나면 신라를 침략하는 후백제 대신 고려를 돕기로 결정했지요.

이 무렵 고려와 후백제는 잠시 전쟁을 멈추고 있었습니다. 왕건과 견훤은 각각 사촌 동생과 조카를 서로의 나라에 보내 평화를 깨지 말자고 다짐을 받습니다. 하지만 견훤의 조카 견호가 고려에서 죽자 후백제도 왕건의 사촌 동생 왕신을 죽였습니다. 다시 피비린내 나는 전쟁이 시작된 것이지요.

위기에 빠진 왕건은 신라에게 군대를 보내달라고 부탁했습니다. 경애왕은 병사들을 보내 후백제를 공격했지요. 이를 알고 몹시 화가 난 견훤은 경주로 쳐들어갔습니다. 견훤은 포석정에서 놀고 있던 경애왕을 사로잡고 스스로 목숨을 끊도록 명령했습니다. 경애왕은 결국 자살할 수밖에 없었고, 견훤은 경순왕을 새 왕으로 뽑은 뒤 후백제로 돌아갔습니다. 이때 임금이 된 경순왕이 바로 신라의 마지막 왕입니다.

견훤을 도운 신라의 6두품 지식인

골품제에 묶여 뜻을 이루지 못한 6두품 학자들은 대개 당나라로 유학을 가는 길을 택했습니다. 최승우 역시 마찬가지입니다. 그는 당나라에서 3년간 공부하고, 그곳에서 벼슬을 하다가 신라로 돌아왔습니다. 그 무렵 경주 최 씨는 신라를 대표하는 6두품 가문으로 이름을 날리고 있었습니다. 그중에서도 해동공자**동쪽 나라의 공자**로 알려진 최치원, 최인연**최언위** 그리고 최승우는 '삼최'로 세상에 이름이 높았습니다.

경주 최 씨를 비롯한 대부분의 6두품 지식인들은 고려 왕건을 찾아가 벼슬을 했습니다. 하지만 특이하게도 최승우는 견훤 밑으로 들어가 그를 위해 일했습니다. 그가 견훤 대신 왕건에게 보낸 편지는, 그의 뛰어난 학식과 재능을 알려 주는 명문장으로 유명합니다. 『삼국사기』, 『동문선』 등에 최승우의 명문장이 담긴 편지가 전해지고 있습니다.

그때 세계는

- 916년 아랍 사람들, 이탈리아에서 쫓겨남
- 919년 독일 하인리히 1세 왕위에 오름
- 921년 거란이 유주 지방 공격하고 탁주 지방 점령
- 936년 독일에서 오토 1세 왕위 오름

918년~936년 | 고려를 건국하고 후삼국을 통일한 왕건

역사책 속 왕건, 현실 속 왕건

궁예를 몰아낸 왕건은 고려를 건국하고, 새 세상의 주인이 됩니다.
오랫동안 꿈꿔 왔던 왕 자리에 앉게 되지요.
우리의 역사는 다시 한 걸음 나아가게 됩니다.

그날 왕건의 집에서는 무슨 일이 있었을까?

"지금 임금궁예이 함부로 사람을 죽이니 백성들은 큰 불행에 빠져 있습니다. 옛날부터 나쁜 임금을 몰아내고 어진 임금을 세우는 일은 하늘의 뜻이라고 했습니다. 부디 장군께서는 병사들을 일으켜 궁예를 쫓아내시기 바랍니다."

홍유, 배현경, 신숭겸, 복지겸 등 네 장수가 왕건에게 간청간절히 부탁함했습니다. 왕건은 묵묵히 입을 다물고 생각에 잠겼습니다. 이윽고 입을 연 왕건이 말했습니다.

"내가 이미 임금에게 충성을 맹세했는데 어떻게 왕을 쫓아낼 수 있단 말인가!"

신하로서 왕을 배반할 수 없다는 말이었습니다. 거듭된 부하 장수들의 부탁에도 왕건은 선뜻 결심하지 못했습니다. 보다 못한 부인 유씨신혜 황후가 앞으로 나섰습니다.

"어진 사람이 어질지 못한 사람을 내쫓는 건 옛날부터 있었던 일입니다.

지금 여러 사람들의 이야기를 들으니 나도 임금의 행동에 분노가 치밀어 오릅니다. 제 마음이 그런데 공왕건께서는 어떠시겠습니까? 지금 사람들의 마음은 공에게 기울고 있습니다. 어서 하늘이 정해 준 뜻에 따라야 합니다."

말을 마친 부인은 왕건에게 갑옷을 갖다 주었습니다. 그러자 왕건은 비로소 몸을 일으켜 궁예를 내쫓는 일에 나서게 되었습니다. 이것이 『삼국사기』에 실려 있는 '운명의 그날' 왕건의 집에서 있었던 일입니다. 임금에 대한 충성심 때문에 끝까지 버틴 왕건이 부인의 설득 끝에 왕이 되는 길로 나섰다는 것입니다.

실제로 왕건은 어질고 덕이 많은 사람이라고 합니다. 하지만 『삼국사기』에 실려 있는 그의 모습을 모두 믿을 수 있을까요? 뜻밖에도 역사는 그와는 조금 다른 모습을 보여 주고 있습니다.

누구보다 왕이 되고 싶었던 왕건

어렵게 결정을 내리자 모든 일들이 빠르게 이루어졌습니다. 역사책 『고려사』에 따르면, 왕건의 병사들이 왕궁으로 쳐들어가자 따르는 사람은 셀 수도 없이 많았고, 기다리는 사람도 1만 명이 넘었다고 합니다. 궁예조차도 "왕건이 벌써 승리를 얻었으니 이제 나는 끝났다."는 말을 남긴 채 변장을 하고 서둘러 탈출했다고 하지요. 그만큼 모든 백성들의 마음이 왕건에게 쏠려 있었다는 이야기입니다.

하지만 『고려사』에 기록된 이야기를 곧이곧대로 믿을 수는 없습니다. 실제로 왕건이 고려를 세우고 왕이 된 뒤에도 그를 반대하는 사람들은 많았습니다. 이들은 반란을 일으켜 몇 년씩이나 왕건과 전쟁을 벌이기도 했습니다. 그만큼 궁예를 따르는 사람들도 많았다는 이야기입니다.

더욱이 왕건이 고려를 세우는 과정을 보면, 하는 수 없이 왕이 되었다는 이야기는 전혀 믿을 수 없습니다. 오히려 오랫동안 치밀한 계획을 세우고 준비한 덕분에 왕이 되었다는 것이 사실과 더 가깝습니다.

송악**개성**의 호족인 왕건의 아버지 왕륭은 왕건이 어릴 때부터 큰 꿈을 갖도록 부추겼습니다. 또 자신의 성과 병사들을 궁예에게 바칠 때도 송악만큼은 아들 왕건이 다스릴 수 있도록 했습니다. 송악은 무역이 발달하고 물자가 풍부해서 장차 왕건을 위해 중요한 땅이 되리라 생각했기 때문입니다.

왕건 자신도 마찬가지입니다. 고려를 세웠을 때 41세였던 왕건은 이미 10여 년 전인 30세 때 자신이 왕이 되는 꿈을 꾸었다고 합니다. 그래서 왕건은 궁궐 안에서 일하는 벼슬 대신 전쟁터를 돌며 장수들과 병사들의 마음을 얻는 데 힘을 쏟았습니다. 또 자신과 뜻이 맞는 6두품 출신의 뛰어난 인재들을 은밀히 궁궐 안의 벼슬아치로 만들기도 했습니다. 유학을 공부한 이들은 승려와 도둑 출신인 궁예의 부하들과 부딪치며 사사건건 말썽을 일으키곤 했습니다.

고려를 세운 918년에 있었던 일은 왕이 되고 싶었던 왕건의 마음을 잘 나타내 줍니다. 왕건과 부하들은 당나라 상인 왕창근을 시켜 철원**후고구려의 도읍지**으로 거울 한 개를 가져오게 했습니다. 그런데 그 거울에는 이상한 글귀가 적혀 있었습니다. "궁예의 시대는 가고, 왕건이 하늘의 명령을 받았다."는 것이었지요. 물론 왕건이 부하들에게 시켜 새겨 넣은 글귀였지요. 왕건의 부하들은 이 글귀를 철원성 안에 널리 퍼뜨렸습니다. 백성들의 마음을 왕건에게로 돌려놓기 위한 작전이었지요.

왕건은 이처럼 치밀한 계획 끝에 고려를 세웠습니다. 힘이 부족했던 궁예는 왕건의 계획을 막을 수 없었습니다. 결국 새로운 세상의 주인 자리는 오랫동안 왕이 되길 꿈꾸었던 왕건의 차지였습니다.

하룻밤 마무리

❁ 꿈에서도 왕관이 보인 왕건

'어느 날 새벽, 꿈에 구름을 타고 하늘로 올라가자 큰 탑이 있었다. 그 위에 올라 앉으니 그 탑이 바로 황룡사 9층탑이었다.'

왕건이 30세 때 꾸었다는 꿈 내용입니다. 그런데 이것이 왜 왕이 되는 꿈일까요? 그것은 왕건이 꿈에 앉았다는 황룡사 9층탑과 관계가 있습니다. 황룡사 9층탑은 신라가 삼국 통일을 위해 30년동안이나 기도를 하며 공들여 만든 탑이었으니까요. 왕건이 그 위에 올라앉았다는 건, 결국 그가 후삼국을 통일하고 새로운 임금이 된다는 뜻이 아니었을까요?

● 황룡사 9층탑 복원 모형

● 황룡사지에서 발견된 유물

사진으로 보는 우리 역사 | 1 우리 역사의 시작부터 남북국 시대까지

70만 년 전 구석기 시대 시작

주먹도끼

구석기 시대 대표적인 뗀석기로 사냥하거나 짐승의 가죽을 벗기고, 땅을 파는 등 여러 용도로 사용했다.

기원전 8000년경
신석기 시대 시작

빗살무늬 토기(즐문 토기)

신석기 시대 대표적인 토기로, 식량을 저장하는 데 사용했다.

기원전 2333년 고조선 건국

청동방울

제사와 정치가 하나로 이루어졌던 청동기 시대에 제사장들이 주술적 의미로 사용했던 도구다.

기원전 57년
신라 건국

나정 비석

혁거세왕의 탄생지인 경주 나정에 세워져 있는 비석이다.

기원전 37년 고구려 건국

기원전 18년 백제 건국

기원전 42년
금관가야 건국

372년 고구려에 불교 전래

384년
백제에 불교 전래

백제 금동대향로
백제의 종교, 미술, 문화 등을 알 수 있는 귀중한 작품이다.

527년
신라, 불교 공식 인정

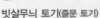

이차돈 순교비

불교를 제창하다 순교한 이차돈을 기념하기 위해 세운 비석이다.

936년 후백제 멸망, 고려의 후삼국 통일

935년 신라 멸망

926년 발해 멸망

918년
왕건, 고려 건국

삼악 산성지

궁예가 철원에서 왕건에게 패한 후, 이곳에 성을 쌓아 피신처로 이용했다는 전설이 전해 온다.

901년 궁예, 후고구려 건국

900년
견훤, 후백제 건국

828년
장보고, 완도에 청해진 설치

청해진 유적지

청해진은 장보고가 지금의 전라남도 완도에 설치한 진으로, 중국과 일본 사이 중계 무역의 요충지였다. 장보고는 청해진을 중심으로 해적을 소탕하고 해상권을 쥐고 있었다. 사진은 현재 남아 있는 청해진 유적이다.

771년
성덕 대왕 신종 만듦

성덕 대왕 신종

종을 만들 때 아기를 넣어다는 전설이 전해지고 있으며, 아기 울음소리가 난다 해 에밀레종이라고도 한다.

751년
신라, 불국사와 석굴암 새로 지음

불국사 다보탑

통일 신라 시대 석탑이다.

727년 신라 승려 혜초, 『왕오천축국전』 지음

698년 대조영, 발해 건국

682년
신라 국학 설치

676년 신라 삼국 통일

진흥왕 순수비

신라 진흥왕이 국토를 넓힌 기념과 국위 선양을 목적으로 세운 기념비다.

668년
고구려 멸망

660년
백제 멸망

645년
고구려 양만춘 장군, 안시성 싸움

612년
고구려 을지문덕 살수대첩

562년
대가야 멸망

노형 기대

화로 모양을 한 그릇 받침이다.

우리나라 역대 왕조의 계보 1

고조선
기원전 2333년 경 ~ 기원후 108년
도읍지 | 왕검성

- 단군왕검
- 우거왕

가야
42년 ~ 562년

금관가야
- 1대 수로왕 42~199
- 2대 거등왕 199~253
- 3대 마품왕 253~291
- 4대 거질미왕 291~346
- 5대 이시품왕 346~407
- 6대 좌지왕 407~421
- 7대 취희왕 421~451
- 8대 질지왕 451~492
- 9대 겸지왕 492~521
- 10대 구형왕 521~532

대가야
- 1대 이진아시왕 ?~?
- 9대 이뇌왕 ?~?
- 16대 도설지왕 ?~562

고구려
삼국사기, 기원전 37년 ~ 기원후 668년
도읍지 | 졸본성 → 국내성 → 평양성

- 1대 동명성왕 기원전 37~기원전 19
- 2대 유리왕 기원전 19~기원후 18
- 3대 대무신왕 18~44
- 4대 민중왕 44~48
- 5대 모본왕 48~53
- 6대 태조왕 53~146
- 7대 차대왕 146~165
- 8대 신대왕 165~179
- 9대 고국천왕 179~197
- 10대 산상왕 197~227
- 11대 동천왕 227~248
- 12대 중천왕 248~270
- 13대 서천왕 270~292
- 14대 봉상왕 292~300
- 15대 미천왕 300~331
- 16대 고국원왕 331~371
- 17대 소수림왕 371~384
- 18대 고국양왕 384~391
- 19대 광개토 대왕 391~412
- 20대 장수왕 412~491
- 21대 문자명왕 491~519
- 22대 안장왕 519~531
- 23대 안원왕 531~545
- 24대 양원왕 545~559
- 25대 평원왕 559~590
- 26대 영양왕 590~618
- 27대 영류왕 618~642
- 28대 보장왕 642~668

백제

삼국사기, 기원전 18년 ~기원후 660년

도읍지 | 위례성 → 웅진성 → 사비성

- 1대 온조왕 기원전 18~기원전 28
- 2대 다루왕 28~77
- 3대 기루왕 77~128
- 4대 개루왕 128~166
- 5대 초고왕 166~214
- 6대 구수왕 214~234
- 7대 사반왕 234
- 8대 고이왕 234~286
- 9대 책계왕 286~298
- 10대 분서왕 298~304
- 11대 비류왕 304~344
- 12대 계왕 344~346
- 13대 근초고왕 346~375
- 14대 근구수왕 375~384
- 15대 침류왕 384~385
- 16대 진사왕 385~392
- 17대 아신왕 392~405
- 18대 전지왕 405~420
- 19대 구이신왕 420~427
- 20대 비유왕 427~455
- 21대 개로왕 455~475
- 22대 문주왕 475~477
- 23대 삼근왕 477~479
- 24대 동성왕 479~501
- 25대 무령왕 501~523
- 26대 성왕 523~554
- 27대 위덕왕 554~598
- 28대 혜왕 598~599
- 29대 법왕 599~600
- 30대 무왕 600~641
- 31대 의자왕 641~660

신라

삼국사기, 기원전 57년 ~기원후 935년

도읍지 | 금성

- 1대 혁거세거서간 기원전 57~기원후 4
- 2대 남해차차웅 4~24
- 3대 유리이사금 24~57
- 4대 탈해이사금 57~80
- 5대 파사이사금 80~112
- 6대 지마이사금 112~134
- 7대 일성이사금 134~154
- 8대 아달라이사금 154~184
- 9대 벌휴이사금 184~196
- 10대 나해이사금 196~230
- 11대 조분이사금 230~247
- 12대 첨해이사금 247~261
- 13대 미추이사금 262~284
- 14대 유례이사금 284~298
- 15대 기림이사금 298~310
- 16대 흘해이사금 310~356
- 17대 내물마립간 356~402
- 18대 실성마립간 402~417
- 19대 눌지마립간 417~458
- 20대 자비마립간 458~479
- 21대 소지마립간 479~500
- 22대 지증왕 500~514
- 23대 법흥왕 514~540
- 24대 진흥왕 540~576
- 25대 진지왕 576~579
- 26대 진평왕 579~632
- 27대 선덕여왕 632~647
- 28대 진덕여왕 647~654
- 29대 태종무열왕 654~661
- 30대 문무왕 661~681
- 31대 신문왕 681~692
- 32대 효소왕 692~702
- 33대 성덕왕 702~737
- 34대 효성왕 737~742
- 35대 경덕왕 742~765
- 36대 혜공왕 765~780
- 37대 선덕왕 780~785
- 38대 원성왕 785~798
- 39대 소성왕 798~800
- 40대 애장왕 800~809
- 41대 헌덕왕 809~826
- 42대 흥덕왕 826~836
- 43대 희강왕 836~838
- 44대 민애왕 838~839
- 45대 신무왕 839
- 46대 문성왕 839~857
- 47대 헌안왕 857~861
- 48대 경문왕 861~875
- 49대 헌강왕 875~886
- 50대 정강왕 886~887
- 51대 진성여왕 887~897
- 52대 효공왕 897~912
- 53대 신덕왕 912~917
- 54대 경명왕 917~924
- 55대 경애왕 924~927
- 56대 경순왕 927~935

우리나라 역대 왕조의 계보 2

발해

698년~926년

도읍지 | 동모산 → 상경 용천부

- 1대 고왕 698~719
- 2대 무왕 719~737
- 3대 문왕 737~793
- 4대 폐왕 793
- 5대 성왕 793~794
- 6대 강왕 794~809
- 7대 정왕 809~812
- 8대 희왕 812~817
- 9대 간왕 817~818
- 10대 선왕 818~830
- 11대 대이진왕 831~857
- 12대 대건황왕 857~871
- 13대 대현석 871~894
- 14대 대위해 894~906
- 15대 대인선 906~926

고려

918년~1392년

도읍지 | 개경

- 1대 태조 918~943
- 2대 혜종 943~945
- 3대 정종 945~949
- 4대 광종 949~975
- 5대 경종 975~981
- 6대 성종 981~997
- 7대 목종 997~1009
- 8대 현종 1009~1031
- 9대 덕종 1031~1034
- 10대 정종 1034~1046
- 11대 문종 1046~1083
- 12대 순종 1083
- 13대 선종 1083~1094
- 14대 헌종 1094~1095
- 15대 숙종 1095~1105
- 16대 예종 1105~1122
- 17대 인종 1122~1146
- 18대 의종 1146~1170
- 19대 명종 1170~1197
- 20대 신종 1197~1204
- 21대 희종 1204~1211
- 22대 강종 1211~1213
- 23대 고종 1213~1259
- 24대 원종 1259~1274
- 25대 충렬왕 1274~1308
- 26대 충선왕 1298, 1308~1313
- 27대 충숙왕 1313~1330, 1332~1339
- 28대 충혜왕 1330~1332, 1339~1344
- 29대 충목왕 1344~1348
- 30대 충정왕 1348~1351
- 31대 공민왕 1351~1374
- 32대 우왕 1347~1388
- 33대 창왕 1388~1389
- 34대 공양왕 1389~1392

조선

1392년~1910년

도읍지 | 한양

- 1대 태조 1392~1398
- 2대 정종 1398~1400
- 3대 태종 1400~1418
- 4대 세종 1418~1450
- 5대 문종 1450~1452
- 6대 단종 1452~1455
- 7대 세조 1455~1468
- 8대 예종 1468~1469
- 9대 성종 1469~1494
- 10대 연산군 1494~1506
- 11대 중종 1506~1544
- 12대 인종 1544~1545
- 13대 명종 1545~1567
- 14대 선조 1567~1608
- 15대 광해군 1608~1623
- 16대 인조 1623~1649
- 17대 효종 1649~1659
- 18대 현종 1659~1674
- 19대 숙종 1674~1720
- 20대 경종 1720~1724
- 21대 영조 1724~1776
- 22대 정조 1776~1800
- 23대 순조 1800~1834
- 24대 헌종 1834~1849
- 25대 철종 1849~1863
- 26대 고종 1863~1907
- 27대 순종 1907~1910

교과서 인물 찾아보기